STEVE VOLKE

Die Hoffnung klopft an die Hintertür

Ermutigende Lebensgeschichten aus aller Welt

BRUNNEN
Verlag GmbH · Giessen

Über den Autor:

Steve Volke, Jahrgang 1961, lebt in Marburg, ist verheiratet mit Anke und Vater von 4 erwachsenen Töchtern. Der Journalist, Referent und Fotograf ist in seinem Hauptberuf CEO des Kinderhilfswerks Compassion (Marburg). Volke ist Autor von über 35 Büchern, von denen sechs in anderen Sprachen und Ländern veröffentlicht wurden. Mehr zu ihm: www.stevevolke-blog.de

Die zitierten Bibelverse sind folgenden Übersetzungen entnommen:

MIX
Papier | Fördert gute Waldnutzung
FSC® C014496

Lektorat: Stefan Loß
Umschlaggestaltung: Jonathan Maul
Umschlagfoto: Compassion International
Druck: GGP Media GmbH, Pößneck
ISBN Buch: 978-3-7655-3602-1
ISBN E-Book: 978-3-7655-7865-6
www.brunnen-verlag.de

Danke!

Vielen Dank an die Freunde von Compassion International, die sich in 29 Ländern um die Förderung von inzwischen über 2,3 Millionen Kindern kümmern. Ihr seid die wahren Helden. Danke, dass Ihr Geschichten wie diese hier im Buch ermöglicht und nicht müde werdet, immer wieder neue Hoffnungsgeschichten zu schreiben.

Vielen Dank an Stephanie Friedrich und Andreas Schuss für die inhaltliche und redaktionelle Begleitung bei diesem Projekt.

Vielen Dank an meine Frau Anke, die mal wieder ein Buchprojekt ihres Mannes mit durchgezogen hat und seit fast 40 Jahren an meiner Seite mit mir gemeinsam unterwegs ist. Danke, dass wir gemeinsam auf dem Weg sind, Kinder aus Armut zu befreien.

Steve Volke

Inhalt

Vorwort 7

1. Frau H. – wer denn sonst? 11
2. Aura: Von der Müllkippe auf die Universität 13
3. Frida: Das geknickte Rohr 16
4. Remmy: Vom Fluch zum Segen 19
5. Frau H. liebt Musik 25
6. Eduarda: Der Trost der Musik 28
7. Ein Lied kann alles verändern 30
8. Rydia und Fred: … und dann werden wir tanzen 32
9. Benson: Vom „kleinen Nichts" zum Rechtsanwalt 35
10. Dr. Rediy: Nicht gewöhnlich, außergewöhnlich 41
11. Frau H. wird überprüft 47
12. Betty: Das neue Leben kann gelingen 50
13. Tony: Vom Schuhputzer zum Direktor 54
14. Kemi: Der Jesus-Rapper 59
15. Pedro: Verbrannt, doch nicht zerstört 65
16. Frau H. ist immer schon da 71
17. Jennifer: Von der Müllhalde zur Menschenrechtlerin 74
18. Misgana: Der Rechtsanwalt aus dem Rotlichtviertel 83
19. Dan: Vom Segen eines Smartphones 89
20. Kanani: Einhundert Prozent Vertrauen 94
21. Frau H. wird untersucht 98
22. Grace: Handycap mit Folgen 101
23. George: Mein Gott und sein Toyota 104
24. Muthulakshimi: Gott hat dich im Blick 107
25. Michelle: Geboren, um Hoffnung zu verbreiten 111
26. Adul: Rettung für die Höhlenkinder 117
27. Frau H. bleibt an Ihrer Seite 123
28. Wozu wir geboren werden (Nachwort) 125

Vorwort

Die Hoffnung klopft an die Hintertür.

Jede Geschichte eines Menschen nimmt irgendwo ihren Anfang – an Hunderten Orten, in verschiedensten Kulturen und unter den ungewöhnlichsten Umständen. Zuvor waren da viele andere Geschichten, die auf diese neue Geschichte zuliefen, lange vor der Geburt dieses Menschen. So hat jeder Mensch seine Vor- und Nachgeschichte. Dazwischen liegt das ganze eigene Leben. Und dort spielt Gottes Geschichte hinein.

Die Bibel zeigt uns in sachlicher und poetischer, manchmal harter, aber immer spiritueller Art und Weise, wie man Geschichte als Gottes Geschichte begreifen kann. Sie blickt immer wieder in die Vergangenheit zurück, zeigt auf, wo sich dort seine Wirklichkeit gezeigt hat und wo Gott im Leben von Menschen Geschichte schrieb: in Hoffnung und Enttäuschung, Freud und Leid, in festem Vertrauen und quälenden Zweifeln.

Immer wieder entdecken Menschen: Gott handelt – in meiner Geschichte. In dem, was sich ereignet, ist Gottes Geist aktiv. Die Geschichte Gottes mit seinen Menschen – das ist das Thema der Bibel. Und was Gott für diese Menschen zur Zeit der Bibel war, das will und kann er auch für uns heute sein: ein fester Halt und die Mitte unseres Lebens.

Wir tragen unsere Geschichte nicht mit uns herum wie etwas, das man an- und ablegen kann, sondern wir sind mit ihr verwoben. Es gibt eine Gruppe von Menschen, deren Geschichten sich auf den ersten Blick gleichen.

Es sind die Geschichten von Armut, Ausgrenzung, Leid und Hoffnungslosigkeit. Zumindest auf den ersten Blick. Doch jede Geschichte steht auch für sich allein, so wie jeder Mensch auch für sich selbst lebt. Jeder von uns ist einzigartig. Jeder von uns hat seine eigene Geschichte – und Gott hat seine eigene Geschichte mit jedem von uns.

Die ermutigenden Lebensgeschichten in diesem Buch zeigen, dass das Leben verändert werden kann. Ausweglosigkeit kann in Lebensfreude verwandelt werden. Es gibt Hoffnung.

Aber: „Hoffnung haben" – für viele Menschen ist das ein schwacher Begriff. Wenn nichts mehr übrig ist von den eigenen Vorstellungen, Kräften und Ideen, dann bleibt noch die Hoffnung. Echt jetzt? Ist Hoffnung nicht eher eine „treibende Kraft", die befähigt, die Dinge komplett zu verändern?

„Die Hoffnung stirbt zuletzt", das sagen Menschen, die alles andere bereits ausprobiert haben, um etwas zu verändern, zu bewirken oder Probleme zu lösen. Manchmal ist es eine zynische Bemerkung oder geht mit einer guten Portion Sarkasmus einher, denn Hoffnung ist oft das Erste, was uns verlässt, und das Letzte, was uns noch bleibt. Vielleicht können Sie die folgende Beschreibung nachvollziehen, weil es Ihnen manchmal ähnlich geht. Sie zeigt, wie Gefühl und Wirklichkeit auseinanderklaffen können. Unsere Wahrnehmung ist – zumindest in den Lebensumständen, in denen wir in Deutschland leben dürfen – immer etwas verzerrt.

Ich saß im Wohnzimmer und dachte über mein Leben nach, wie ich es immer am Ende eines Jahres tue. Mindestens eine Stunde gönne ich mir zum Jahresende, um mich selbst zu fragen, was ich im letzten Jahr erlebt habe, was ich gelernt habe, wo ich vielleicht besser geworden bin oder etwas völlig Neues getan habe. Aber diesmal war die Stimmung äußerst gedrückt. Ich schaute auf ein Jahr zurück, das nach einigen schwierigen Jahren endlich Lichtblicke bringen sollte. Aber ich fühlte mich wie unter einer Glocke, von Nebel umgeben.

Die Bilanz hätte positiv ausfallen können. Wenn ich auf die Fakten in meinem Leben sah, musste ich zugeben, dass es eigentlich ein wirklich gutes Jahr gewesen war. Aber die Stimmung war so depressiv, niederschmetternd und negativ. Ich fragte mich, warum, denn wie gesagt, die Fakten waren alle positiv. Schnell merkte ich, dass ich diese

Glocke zerschlagen musste, die sich unmerklich über mich gesenkt hatte. Aber wie?

Gegen schlechte Stimmung und depressive Anflüge hilft bei mir oft nur das positive Beispiel von anderen. Ich habe mich entschieden, solche Beispiele zu sammeln und aufzuschreiben. So ist dieses Buch mit Hoffnungsgeschichten entstanden. Mut machende Berichte aus dem wahren Leben anderer Menschen.

Die meisten Menschen, über die ich hier schreibe, kenne ich persönlich. Jede Geschichte ist einzigartig und erzählt von Herausforderungen, die überwunden wurden. Für mich sind es Motivationsgeschichten, die mich dazu bringen, nicht aufzugeben, auch wenn es durch Täler geht, das Leben äußerst unfreundlich zu mir ist oder ich vor ausweglosen Prüfungen und Herausforderungen stehe. Oder wenn ich mal wieder im Nebel sitze und gar nichts mehr sehe.

Mein Wunsch ist, dass die Lebensgeschichten in diesem Buch Hoffnung und Segen ins Leben der Menschen bringen, die sie lesen. Und es sind wirklich schier unglaubliche Geschichten:

- Ein Mädchen wird im Slum in Nairobi geboren und wird als Teenager Vollwaise. Heute ist sie Mitglied des Höchsten Gerichts in Kenia und Anwältin für Menschenrechte.
- Ein vierzehnjähriger Junge wird mit elf Fußballfreunden und ihrem Trainer in einer Höhle im Norden Thailands von Wasserfluten überrascht. Die Welt hält den Atem an, während Spezialisten um das Leben der Teenager kämpfen. Mit einer beispiellosen und gefährlichen Rettungsaktion werden schließlich alle gerettet.
- Ein Kind wird in Ruanda als Albino geboren. Von seinen leiblichen Eltern verstoßen, wächst es in einer Familie auf, die den Jungen über mehrere Jahre im Ziegenstall versteckt. Wie kann es sein, dass er heute ein gesundes Selbstwertgefühl hat und sich für andere arme Kinder einsetzt?
- Ein Mädchen wächst im Rotlichtviertel von Manila auf. Ihr Vater ist Drogenhändler und wird von der Familie weggejagt.

Heute ist das Mädchen eine erwachsene Frau, die mit ihrem eigenen Hilfswerk ‚Made in Hope' Frauen aus der Prostitution heraushilft und sich gegen Menschenhandel einsetzt.

Die Hoffnung klopft an die Hintertür. Sie tritt manchmal unscheinbar in unser Leben, während vor dem Haus auf den Straßen das Chaos tobt. Während draußen noch mit Plakaten demonstriert wird, die uns zeigen, wie schlimm das Leben ist, und wie aussichtslos die Situation, breitet die Hoffnung sich Raum für Raum aus und erfüllt nach und nach das ganze Haus mit Segen.

Sie ist immer unauffällig und zurückhaltend da, so wie „Frau H.", die Ihnen in diesem Buch immer mal wieder begegnen wird. „Frau H." hat Eigenschaften, die wichtig sind, um die Lebensgeschichten besser einordnen zu können, uns auf neue Gedanken zu bringen und auf neue Felder zu führen.

Denn ehrlich gesagt: Ich kann mir nicht vorstellen, dass Sie dieses Buch an einem Stück durchlesen werden. „Frau H." wird Ihnen helfen, die Geschichten ins rechte Licht zu rücken, sie tiefer zu verstehen und dann vielleicht sogar Impulse und Gedanken für Ihr eigenes Leben daraus zu ziehen.

„Frau H." möchte nämlich auch in Ihr Leben kommen. Sie möchte Ihr Herz und Ihre Gedanken erobern. Sie möchte Sie mit ihrer Schönheit begeistern, und schnell werden Sie merken: Mit ihr wollen Sie Ihr Leben verbringen.

1.

Frau H. – wer denn sonst?

Guten Tag, darf ich mich vorstellen? Nein, warten Sie, Sie kennen mich doch bestimmt. Vielleicht nur unter meinem vollen Namen, aber ich bin mir sicher, dass wir uns schon mal begegnet sind. Nicht? Doch. Waren Sie es nicht, die hastig an mir vorübergegangen ist, als wir uns das erste Mal begegnet sind? Flüchtig. Das trifft es am besten. Dabei habe ich Sie unmerklich seit Ihrer Geburt begleitet. Natürlich konnten Sie selbst noch nicht über mich nachdenken, aber Ihre Eltern haben es getan. Seit sie wussten, dass es Sie gibt, durfte ich sie immer wieder begleiten. Ich stand zur Seite, als Ihre Mutter überlegt hat, wie Ihr Zimmer eingerichtet werden soll. Ich war dabei, als sie beim Frauenarzt saß, habe ihr im Wartezimmer sanft die Hand gehalten. Ich durfte sie berühren, als sie gemeinsam mit der Ärztin das erste Ultraschallbild gesehen hat.
Ja, ich war auch an diesem denkwürdigen Abend dabei, als Ihr Vater aufgeregt fragte, wie es denn finanziell weitergehen soll, wenn Sie in ihr Leben getreten sind. Ich habe gespürt, wie mich Ihre Eltern an beiden Händen gefasst haben und sich gegenseitig versicherten, dass sie mit mir an ihrer Seite das alles schon packen würden.
Doch, doch, wir kennen uns gut! Nicht immer ist Ihnen bewusst, dass ich im Raum bin. Manchmal vergessen Sie, dass es ohne mich noch dunkler wäre in Ihrem Leben. Sie glauben ja gar nicht, was ich schon alles durchgemacht habe!
Oft komme ich in Häuser, in denen ich erst mal richtig ausfegen muss. Frau V. hat alles durcheinandergemacht. Die ist keine Schlampe, sondern ein Teufelsweib! Sie ist richtig gut darin, Chaos zu verursachen. Frau V. wie Verzweiflung. Sie zieht die Leute runter, bis sie

sich klein und ohnmächtig fühlen. Wenn ich das sehe, läuten bei mir alle Alarmglocken.
Das sind die Situationen, in denen ich gebraucht werde. Aber ich bin nicht rabiat, sondern sanft. Mein Charakter ist nicht forsch, ich dränge mich nicht auf, aber wenn ich gebraucht werde, bin ich da. Frau H. steht bereit!
Vielleicht ist es meine Erfahrung, die mich stark macht. Ich war in den Schützengräben in Stalingrad, ich war in der Ukraine, nachdem die Panzer alles verwüstet haben. Ich habe Unfälle gesehen und was sie mit den Menschen machen, die in Mitleidenschaft gezogen werden. Ich habe mich an die Seite von verzweifelten Menschen gestellt, die alles verloren haben. Ich habe an offenen Gräbern gestanden und meine Arme um trauernde Menschen gelegt. In Kliniken kenne ich mich auch sehr gut aus. Ich schaue in die Augen von Ärzten, die nicht wissen, was sie in diesem Moment tun sollen. Frau H. ist da. Aber es muss nicht immer so dramatisch sein. Wissen Sie, manchmal schleiche ich mich abends in Kinderzimmer. Besonders in der Vorweihnachtszeit macht mir das viel Spaß. Hier pflanze ich einen Wunsch, da eine Idee, ein anderes Mal zeige ich einen Weg, wie der Wunsch erfüllt werden kann.
Aber mehr noch: Ich kenne mich auch auf dem politischen Parkett bestens aus. Ohne mich würden viele wichtige Entscheidungen erst gar nicht getroffen. Manchmal befinde ich mich schon im Raum, manchmal denken die Leute, ich sei durchs Fenster oder durch den Schornstein gekommen.
Egal, eins kann ich sagen: Immer, wenn die Menschen merken, dass ich da bin, hebt sich ihre Stimmung. Sie bekommen glänzende Augen, wenn sie mich sehen. Sie bekommen Kraft und neuen Mut. Und meistens schlägt ihr Denken, ihr Handeln und ja, ihr ganzes Leben eine neue Richtung ein. Sie mögen mich. Sie sind dankbar für mich. Sie schätzen mich sehr, ihre unscheinbare, aber spürbare Frau H. – ihre Hoffnung.

2.

Aura: Von der Müllkippe auf die Universität

Ablehnung zerstört den Selbstwert. Das Gefühl, vergessen zu sein, sagt uns, dass wir wertlos sind. Wenn dann noch „No Exit“ auf der Lebenstür steht, dann ist kein Platz für Träume.

Das Gefühl, wertlos zu sein, bestimmte viele Jahre das Leben von Aura in Guatemala. Die anderen Kinder sagten ihr, dass sie nicht mit ihr spielen wollten, weil sie stinke – und ihre Familie auf der Mülldeponie der Stadt lebe.

Es ist fast nicht vorstellbar, dass die Ärmsten der Armen in Guatemala-Stadt auf einer Müllkippe leben müssen. Jeden Tag kommen sie und suchen nach allem, was sich irgendwie zu Geld machen lässt. Kleidung, Nahrung, Metall, Cola-Dosen und Elektroartikel. Dabei gehen sie ein großes Risiko ein. Wer sich verletzt, hat keine Möglichkeit, medizinische Versorgung zu erhalten. Keime, Entzündungen, Bakterien, die normalerweise medizinisch in den Griff zu bekommen sind, sind hier eine alltägliche Bedrohung. Und ihre Wirkung ist oft verheerend, bis hin zum plötzlichen Tod.

„The Mine“ heißt die größte Mülldeponie des Landes. Etwa eine Million Menschen leben in der Hauptstadt Guatemalas und produzieren Müll. Ihnen kommt nicht in den Sinn, dass es Tausende Menschen gibt, die jeden Tag ums Überleben kämpfen, deren Tagesverdienst deutlich unter zwei Euro liegt und die den Tag im Müll verbringen, um irgendetwas zu finden, das ihnen etwas Geld einbringt. Keine Schutzkleidung, Plastiksandalen an den Füßen, gefährlichen Stoffen ausgesetzt und umgeben von einem unerträglichen Gestank. Es gibt keine Toiletten. Mitten in diesem Kampf ums Überleben unzählige Kinder, die wie ihre Eltern und Großeltern auf dieser Müllkippe leben müssen. Sie gehört zu ihrem Leben, nein, sie bestimmt ihr Leben.

Aura beschreibt ihr Leben als Kind auf dieser Müllhalde so: *„Auch der Lastwagenfahrer, der den Müll auf die Deponie kippte, blickte auf mich herab! Wenn ich gestorben wäre, hätte mich keiner beerdigt. Mein Körper wäre nur ein weiteres Stück Abfall auf dem Müllberg gewesen."*

Als Aura Kontakt zu einer christlichen Kirche bekam, die ein besonderes Programm für benachteiligte Kinder aus ärmsten Verhältnissen anbot, war sie ein verbittertes, zorniges Kind. Das kleine Mädchen, das im Leben so viel Ablehnung und Verachtung erfahren hatte, bereitete den Mitarbeitern der Gemeinde große Probleme.

Sie bemühten sich sehr um das kleine Mädchen und entdeckten neben der schwer verwundeten Seele einen wachen und regen Geist mit sehr viel Potenzial.

Keine Lebenssituation ist so schlimm, dass sie nicht veränderbar wäre. Selbst wenn es nach menschlichem Ermessen keinen Grund zur Hoffnung gibt, können sich die Dinge ändern. Für Aura änderte sich alles. Weil es Menschen gab, die nicht vor den schlimmen Umständen resignierten, sondern eine Idee davon hatten, wie das Leben eigentlich aussehen sollte. Wenn couragiertes Handeln sich mit dem festen Glauben vereint, dass Gott sich das Leben anders vorstellt und dass er nicht will, dass seine Geschöpfe auf Müllkippen leben, dann kann Veränderung geschehen.

Aura war zwölf Jahre alt, als sie an einem Abend in der Kindergruppe der Kirche den Entschluss fasste, Christin zu werden und Jesus nachzufolgen.

Sie erzählte später: *„Ich spürte plötzlich eine tiefe Freude in mir. Ich wusste, dass ich in Jesus Christus einen richtigen Freund gefunden hatte. Jemanden, der zu mir hält und der mich nicht ablehnt, weil ich in extremer Armut auf einem Müllberg lebe."*

Die Liebe von Jesus weckte in Aura das, was ihr in ihrem bisherigen Leben am meisten gefehlt hatte: das Selbstwertgefühl. Durch die Mitarbeiter dieser Kirche konnte sich die Hoffnung ausbreiten, dass die Müllkippe auf Dauer aus ihrem Leben verschwinden wird. Anstatt jeden Tag im Müll zu graben, konnte sie nun zur Schule gehen. Sie machte einen Schulabschluss und entwickelte sich so gut, dass sie später Betriebswirtschaft an einer Universität studieren konnte.

Heute ist sie eine gestandene Frau, die anderen Menschen Hoffnung und Hilfe vermittelt. Sie sagt: *„Ich bin überzeugt, dass ein Mensch Einfluss auf seine Umgebung, seine Stadt und sein ganzes Land haben kann. Deshalb werde ich dorthin gehen, wo Menschen in Not sind. Ich werde nicht nur meinen Glauben und mein Wissen teilen, sondern auch alles Materielle, was ich habe. So wie mir geholfen wurde, möchte ich anderen helfen. Dadurch, dass ich hier geboren wurde, von anderen Menschen verachtet wurde, und weil ich in diesem Müll lebte, kann ich heute jeden Menschen bedingungslos akzeptieren. Ich danke Gott dafür, dass ich Menschen so annehmen kann – egal, wer sie sind oder woher sie kommen."*

3.
Frida: Das geknickte Rohr

Kinder sind nicht die Zukunft der Welt, sondern Kinder sind die Gegenwart! Und deshalb macht es wirklich Sinn, dass wir mit den Kindern beginnen, wenn wir die Welt verändern wollen.

Es klingt wie ein Klischee, aber es stimmt: Wer möchte, dass es morgen weniger arme Menschen auf der Welt gibt, der muss dafür sorgen, dass es schon heute weniger arme Kinder auf der Welt gibt.

Hätte sie früher jemand gefragt, was ihr größter Wunsch wäre, hätte sie wahrscheinlich sofort geantwortet: „Ich möchte gesehen werden! Ich möchte endlich dazugehören! Ich möchte endlich das Gefühl loswerden, verlassen zu sein!"

Frida wurde in einem armen Stadtteil nahe der Stadt Arusha in Tansania in eine Familie mit fünf Kindern hineingeboren. Kurz nach ihrer Geburt starb ihre Mutter. Ihr Vater fühlte sich mit den Kindern völlig überfordert. Er schaffte es einfach nicht, für alle zu sorgen. Eines Nachts traf er eine fatale Entscheidung. Er verließ einfach die Familie und ließ die Kinder zurück. Es sollte das letzte Mal sein, dass sie ihn sahen. Nie wieder hörten sie etwas von ihm.

Die kleine Frida und ihre Geschwister blieben bei der Großmutter. Das ist gar nicht so ungewöhnlich in Tansania, denn selbst in einigermaßen ‚intakten Familien' sind es oft die Großmütter, die sich um die Kinder kümmern. Die Eltern sind damit beschäftigt, das Überleben der Familie zu sichern, ackern sich oft im wahrsten Sinn des Wortes tot und bringen letztlich nur einen sehr geringen Lohn mit nach Hause, von dem die meist großen Familien nur gerade so überleben können.

Fridas Großmutter lebte in einer kleinen Hütte am Rande des Dorfes. Ihre Lebenssituation hatte deutliche Spuren bei ihr hinterlassen. Denn wer ständig in extremer Armut lebt und über einen langen Zeitraum keine Besserung erlebt, resigniert irgendwann.

Wenn Fridas Oma mal etwas Geld in die Hände bekam, setzte sie das direkt in Alkohol um. Es war ihre Art, die Armut zu vergessen. Für Frida und ihre Geschwister war es eine düstere und wirklich schwere Kindheit. Natürlich sorgte sich die Großmutter darum, den Säugling zu versorgen und aufzuziehen. Auch die größeren Geschwister hatte sie im Blick. Aber die Balance zwischen der Fürsorge für die Kinder und den regelmäßigen alkoholisierten Abstürzen war nicht leicht zu finden. Nachbarn und Freunde sprangen immer wieder mit ein, um das Überleben der Kinder zu sichern. Oft nahmen sie die Kinder zu sich, bis Fridas Oma ihren Rausch ausgeschlafen hatte.

Aber Gott hat Frida nicht vergessen, sondern kümmerte sich um sie: Eines Tages muss ihre Oma einen wirklich hellen Moment gehabt haben, denn sie brachte Frida zu einer evangelischen Kirche, die durch ein Patenschaftsprogramm armen Kindern eine Perspektive ermöglicht. Und das Wunder geschah: Frida lernte dort, dass Gott ein besonderes Herz für die Armen hat, für die Vernachlässigten, für die, die keine Lobby haben – für die „geknickten Rohre und glimmenden Dochte", die es heute millionenfach gibt.

In Jesaja 42,3 verspricht Gott: *„Das geknickte Rohr wird er nicht zerbrechen, und den glimmenden Docht wird er nicht auslöschen. In Treue trägt er das Recht hinaus."*

Frida lernte dort in der Gemeinde einen Gott kennen, der sich um sie kümmert. Und begeistert, wie sie war, erzählte sie ihrer Großmutter davon. Auch sie hat daraufhin den Kontakt zu den Christen gesucht und erlebte Veränderung. Ihr Leben nahm eine positive Wendung. Später erzählte die Großmutter mir: *„Alle in der Kirche kannten mich und wussten, dass ich Alkoholikerin war. Aber sie akzeptierten mich so, wie ich war. Wenn ich ein bisschen angetrunken in der Kirchenbank saß, haben sie sich trotzdem zu mir gesetzt und mit mir gesprochen, als sei ich eine von ihnen. Sie haben mich immer ermutigt. Ich fühlte mich von ihnen ernst- und wahrgenommen. Es hat einige Zeit gedauert, aber ich merkte, dass es Hoffnung gab. Sie strahlte wie durch einen Türspalt in mein Leben und breitete sich immer mehr aus."*

Durch die Hilfe von Mitgliedern der Kirche und mit einer finanziellen Unterstützung aus dem Förderprogramm baute sie einen kleinen Obststand und einen Gemüseladen auf. Nach kurzer Zeit erzielte sie ein eigenes Einkommen, womit sie die Kinder selbst versorgen konnte – und durch diese Veränderung hatte sie keinen Grund mehr zum Trinken. Sie merkte auf einmal, dass ihr Leben eine Wendung nehmen konnte.

Als ich Frida und ihre Oma besuchte, war es ihnen wichtig, mich an zwei Orte zu führen: An das Grab von Fridas Mutter und an ihren Gemüsestand an der Straße. Sie strahlte, als sie ihre Geschichte erzählte und wie Gott sich letztlich um sie und die Kinder gekümmert habe. Sie lud mich in ihre Hütte ein, und ich war erstaunt, dass es wie in einem „echten Wohnzimmer" aussah. Es gab eine Couch, einen Tisch, ein paar kleine Schränke. Auf einem stand sogar ein Fernseher mit einer Zimmerantenne. Alles natürlich nicht auf dem Niveau wie in Europa. Aber auch keine extreme Armut mehr.

Auch das Leben von Frida hat eine positive Richtung genommen. Sie erfuhr in der Kirche mehr über ihre Begabungen und konnte sich entwickeln. Sie hat eine Ausbildung gemacht und hat heute einen Beruf, von dem sie leben kann. Sie schafft es sogar, mit ihrem Gehalt ihre Geschwister zu unterstützen.

Geknickte Rohre müssen nicht absterben. Sie können aufgerichtet werden, gestärkt werden und wieder zu Kräften kommen. Und manchmal sieht man später nicht einmal, dass sie geknickt waren.

4.
Remmy: Vom Fluch zum Segen

Ausgegrenzt werden, nicht dazuzugehören, aus Scham versteckt zu werden, keine Liebe zu erfahren, als Fluch betrachtet zu werden. Wenn Remmy auf sein Leben zurückschaut, dann weiß er genau, was diese Worte bedeuten. *„Ich war eine Schande für meine Familie und ein Fluch für das ganze Dorf. Denn ich wurde als Albino geboren, inmitten von schwarzhäutigen Menschen. Vom Tag meiner Geburt an wurde ich gehasst und verstoßen. Meine Familie überlegte, wie sie mich am besten loswerden konnte. "*

Anders sein als alle anderen. Wohl kaum ein Merkmal zeigt das so deutlich, wie die Hautfarbe. Remmy wurde 1990 im ostafrikanischen Ruanda als sechstes von sieben Kindern in einer sehr armen und ungebildeten Familie geboren. Der Schock der Eltern saß tief, als sie nach der Geburt erfuhren, dass es nicht nur ein Junge war, sondern ein ganz besonderer Junge. Einer mit weißer Haut. Der Einzige in der Familie, in der Nachbarschaft, ja, im ganzen Dorf.

Eigentlich fehlte dem Neuankömmling nichts, außer Melanin – dem Hautpigment, das für die Hautfarbe zuständig ist. Dieser Gendefekt führt zur weißen Haut, was in dem klimatischen Umfeld, in dem Remmy lebt, nicht gerade gesund ist. Melanin ist notwendig, um die Haut vor UV- und Sonnenstrahlung zu schützen. Die betroffenen Menschen, sogenannte Albinos, leiden unter extremer Lichtempfindlichkeit. Sonnenstrahlen können für sie sogar tödlich sein.

In Afrika kommt aber noch etwas anderes dazu, was das Leben von Albino-Menschen gefährdet: der Aberglaube. So werden einheimische Menschen mit heller Haut als Fluch angesehen. Weltweit ist Albinismus gar nicht mal so selten. Etwa einer von 17 Tausend Menschen weltweit hat ihn. In Afrika kommt es häufiger vor. So soll ein Mensch von 5.000 in Nigeria, einer von 4.000 in Südafrika und einer von 300 in Tansania ein Albino sein. Vorurteile gegen sie gibt es überall. Doch gerade in afrikanischen Ländern sind Ablehnung und Diskriminierung besonders verbreitet. Meist werden Kinder schon von Geburt an versteckt. Die Mütter weigern sich, ihre Kinder zu akzeptieren und zu stillen. Dazu kommt die Annahme, von Gott verflucht zu sein, oder die Menschen glauben, dass Hexerei im Spiel war.

Skrupellose Menschenjäger oder auch „Wunderheiler" jagen Albinos. Ihren Haaren, der Haut oder bestimmten Körperteilen werden besondere Zauberkräfte zugesprochen und deshalb müssen Menschen mit Albinismus um ihr Leben fürchten. Manchmal werden die „weißen Schwarzen" aber auch zu unsterblichen Geistern erklärt. Fischer glauben, wenn sie Haare von Albinos in ihre Netze flechten, hätte das positive Auswirkungen auf den Fang.

Für das Leben von Remmy hatte die Krankheit von Anfang an gravierende Auswirkungen. Die Stigmatisierung begann bereits im Krankenhaus, direkt nach der Geburt mit einem heftigen Streit der Eltern. Der Vater beschuldigte seine Frau der Hexerei. Die ganze Verwandtschaft weigerte sich, dieses verfluchte Kind zu akzeptieren. *„Vom Tag meiner Geburt an wurde ich gehasst."* Die Eltern verließen das Krankenhaus einfach ohne ihr Kind. *„Ich war eine Schande für die ganze Familie."*

Das Krankenhaus machte sich auf die Suche nach einer Adoptivfamilie, bei der das kleine Baby aufwachsen konnte. Das Gute daran war, dass Remmy überlebte, denn oft werden Babys mit Albinismus getötet oder verstümmelt und ihre Gliedmaßen für die Hexerei verkauft. Das Schlechte daran war, dass die Adoptivfamilie – aus welchen Gründen auch immer – den kleinen neuen Erdenbürger zwar bei sich aufnahm, aber ihn unglaublich schlecht behandelte. *„Ich wurde isoliert. Ich habe nie Liebe erfahren, sondern nur Ablehnung. Niemand war stolz auf mich. Niemand freute sich über mich. Ich war ein hoffnungsloser Fall. Man wollte mich nur irgendwie am Leben halten."*

Vier Jahre nach seiner Geburt ereignete sich der unvorstellbare Genozid in Ruanda, bei dem innerhalb kürzester Zeit fast eine Million

Menschen ihr Leben verloren. Viele Kinder wurden Waisen, Schulen und Krankenhäuser waren geschlossen. Das gesellschaftliche Leben war zum Stillstand gekommen. Bis zu diesem Zeitpunkt war Remmy von seiner Adoptivfamilie versteckt worden.

Mit zittriger Stimme erzählte er mir, wie er das heute sieht und beurteilt: *„Diese Familie hatte – wie viele Familien zu dieser Zeit – zwei einfache Häuser. Das größere war für die Familie, das kleinere war für die Tiere. Ich musste in dem kleinen Haus leben. Ich durfte auch nicht mit der Familie gemeinsam essen. Sie stellten mir mein Essen einfach vor die ‚Stalltür'. Ich wurde nicht nur körperlich, sondern vor allem seelisch misshandelt. Das setzte sich später auch in der Schule fort. Ich durchlebte alle Grausamkeiten, die Kinder anderen Kindern antun können. Auch die Erwachsenen machten mit. Sie bespuckten mich, verfluchten mich, rannten hinter mir her und scheuchten mich weg. Oft hatte ich keinen Platz, wo ich Schutz suchen konnte, außer in dem Stall bei meiner Adoptivfamilie."*

Ein Jahr nach dem Genozid startete das Hilfswerk Compassion in dem Dorf, in dem Remmy lebte, gemeinsam mit der evangelischen Kirche ein Förderprogramm für Kinder aus ärmsten Verhältnissen. Die Mitarbeiter gingen von Haus zu Haus, um Kinder zu finden, die diese Unterstützung am nötigsten brauchten. Und so kamen sie auch an das Haus von Remmys Adoptiveltern. Auf die Frage, ob hier auch Kinder lebten, die für das Programm geeignet seien, antworteten sie mit einem entschiedenen „Nein". Aber Gott ließ es nicht dabei, sondern er hatte etwas Gutes mit Remmy im Sinn.

Später entdeckte Remmy die Geschichte von Josef und seinen Brüdern in der Bibel. Ihm kamen Parallelen zu seinem eigenen Leben in den Sinn. Er las dort, dass Ablehnung, Verrat und Boshaftigkeit nicht das letzte Wort haben müssen. Es gibt Hoffnung – und die sollte sich im Leben von Remmy ausbreiten. Wie er es in der Josef-Geschichte gelesen hatte, hoffte auch der kleine Junge auf ein Wunder.

Als das Förderprogramm der Kirche startete, kam es zu einer regelrechten Völkerwanderung. Unglaublich viele Kinder aus der Gegend machten sich auf den Weg. Auch Remmy wollte nicht in seinem Stall sitzen bleiben und so ging er einfach mit zur Kirche. Auf dem Weg wurde er mal wieder ausgelacht, bespuckt und angefeindet, aber er ließ sich nicht abhalten. Er wollte wissen, was da los war. *„Meine Kleidung war verdreckt und zerrissen. Ich hatte keine Schuhe. Ich sah, wie andere Kinder eingeladen wurden und ihren Weg in die Kirche fanden. Es war ein schrecklicher Moment, denn ich wusste, dass für mich die Tür einmal mehr verschlossen bleiben würde.“*

Remmy setzte sich an eine Hauswand und begann zu weinen. Das bemerkte einer der Mitarbeiter, rief den frustrierten Jungen zu sich, umarmte ihn und wischte seine Tränen ab. Er rief andere aus dem Team zu sich und sagte: *„Hey, schaut diesen Jungen hier an. Wenn einer es verdient hat, im Programm aufgenommen zu werden, dann ist es doch wohl dieser Junge!“*

Das änderte alles für den kleinen Remmy. *„Die Mitarbeiter merkten sofort, was mit mir los war. Sie kauften Creme für meine sonnenverbrannte Haut. Sie gaben mir zu essen, sie wuschen meine Wunden. Sie kümmerten sich um mich und so wurde mir auch psychisch geholfen. Sie brachten mir auch lustige Lieder bei und gaben mir das Gefühl, endlich zu einer Gruppe von Menschen dazuzugehören. Es wurden Fotos von mir gemacht – und schließlich erhielt ich die Nachricht, dass es Paten für mich gibt, die mir schreiben werden.“*

Die Briefe seiner Paten veränderten nach und nach das Leben des Jungen, denn *„sie schrieben mir so wunderbare Worte. Sie sprachen mich mit ‚Unser Sohn‘ an. Sie packten in ihre Briefe so viel Hoffnung, Ermutigung und Vertrauen. So etwas hatte ich bis dahin noch nie gehört. Manchmal packten sie auch Sticker in ihre Umschläge. Ich habe damals angefangen, kleine Dinge zu üben, in denen ich gut war. Zum Beispiel konnte ich mich sehr gut auf das Lernen konzentrieren. Und die Ergebnisse waren erstaunlich.“*

Remmy schafft es in der Schule unter die Top 5 seiner Klasse. Auch entdeckt er, dass er eine ganz gute Stimme hat und singen kann. Das brachte ihm zusätzliche Anerkennung ein. *„Das Erreichen dieser kleinen Dinge ermutigte mich, zu träumen und eine Zukunft zu* *zeichnen, die ich mir wünschte. Ich weiß noch genau, dass ich mir andere Jugendliche zum Vorbild genommen habe. Ich fing an, von einem Schulabschluss zu träumen, dann von einem Bachelor-Abschluss. Weil ich von meiner eigenen Familie so viel Ablehnung bekommen hatte, träumte ich davon, selbst einmal eine Familie zu gründen, eine Frau zu finden, die ich liebe, und mit ihr gemeinsam anderen Menschen Hoffnung zu geben.*"

Mit Beständigkeit und Geduld gelang Remmy ein Master-Abschluss in Entwicklungsstudien und ein Bachelor-Abschluss in klinischer Psychologie. In seiner Jugendzeit in der Kirche hatte er eine echte Quelle der Hoffnung gefunden: „*Als ich zwölf Jahre alt war, gab ich mein Leben Jesus Christus. Ich stieß beim Lesen des Alten Testaments auf einen Vers aus dem ersten Kapitel des Buches Jeremia: ‚Ich kannte dich, bevor ich dich im Leib deiner Mutter formte. Noch bevor du geboren wurdest, habe ich dich auserwählt.' Das habe ich auf mich bezogen und daraus habe ich viel Selbstvertrauen gezogen.*"

Manches, was heute so leicht klingt, ist ihm in Wirklichkeit natürlich nicht immer so leicht von der Hand gegangen. Remmy hat einen langen Weg der inneren Heilung hinter sich. Einen Weg, auf dem er immer wieder auch kämpfen musste. Da gab es mehrere Selbstmordversuche, dunkle Täler und Depressionen. Aber schließlich auch die Erkenntnis: „*Ich bin geheilt, ich habe eine Zukunft, denn ich habe Hoffnung. Jesus ist alles, was ich im Leben wollte. Er ist alles, was ich brauche, um das Leben zu gewinnen. Im Gegensatz zu anderen wichtigen Medikamenten ist Hoffnung nicht schwer zu finden. Sie kostet auch am wenigsten. Ich musste mich nur der wahren Quelle der Hoffnung anschließen und mich mit den Menschen verbinden, die diese Quelle gefunden hatten.*"

Remmy berichtet, wie er sich entschieden hat, anderen zuzuhören, zu glauben und immer wieder auch die andere Seite des Lebens zu entdecken. „*Wie durch ein Wunder ist diese Hoffnung das Einzige, was mich von meiner bitteren Vergangenheit befreit hat. Ich hatte öfter davon gehört, doch alles änderte sich, als ich mich entschieden habe, wirklich daran zu glauben: Wenn es eine Vergangenheit gibt, dann gibt es auch eine Zukunft.“*

Und die war für Remmy auch mit dem schwierigen Thema „Vergebung“ verbunden. In jedem Gottesdienst betete er das Vaterunser – und jedes Mal stieg bei einer bestimmten Zeile ein ungutes Gefühl in ihm hoch: ‚Und vergib uns unsere Schuld, wie auch wir vergeben unseren Schuldigern.‘

Für den jungen Erwachsenen eine echte Herausforderung und eine fast unüberwindbare Hürde. *„Ich hasste meine Familie für das, was sie mir angetan haben! Ich hasste meine Mutter, dass sie mich alleingelassen hatte. Ich hasste meinen Vater und meine Geschwister. Ich hatte ein total verhärtetes Herz. Und doch war mir klar: Ich wollte mit Gott leben und ich lebte täglich von seiner Vergebung. Ich musste den Schritt auf die anderen zugehen.“*

Das brauchte Zeit, aber schließlich ist er zu seiner Familie gegangen: *„Ich habe ihnen gesagt, dass ich ihnen vergebe. Ich habe allen, die mich so verletzt haben, aufrichtig vergeben. Heute bin ich in meiner Kirche verantwortlich für die Jugendarbeit. Ich leite Kurse für Jüngerschaft. Mein Leben ist total verändert, denn ich bin nicht mehr ein Sklave meiner negativen Gedanken und Gefühle. Ich habe erlebt, dass Vergebung frei macht. Ja, ich bin heute ein Held in meinem Dorf, in meiner Kirche und in meiner Familie. Denn ich bin das lebende Beispiel dafür, dass es immer Hoffnung auf Veränderung gibt.“*

Remmy ist heute Ehemann und Familienvater. Auch in seiner Herkunftsfamilie hat er inzwischen den Status des ‚Oberhauptes‘ erhalten. Das bedeutet, dass er finanziell und emotional stabil ist und so andere leiten kann. Mit Stolz sagt er: *„Ich habe Hoffnung. Ich bin nicht mehr ein Fluch, sondern ein Segen für viele.“*

5.
Frau H. liebt Musik

Manche Menschen laden mich ein, bei ihnen die erste Geige zu spielen. Aber das ist so gar nicht meine Art. Ich bin eher jemand für den Hintergrund, will mich nicht aufdrängen, will auch nicht immer im Rampenlicht stehen. „Herzlich willkommen zur Frau-H.-Show", das ist wirklich nicht mein Ding. Ich möchte lieber im Orchester spielen, gemeinsam mit anderen Instrumenten für die Harmonien sorgen. Mir genügt es, wenn ich ab und zu mal ein Solo spielen darf. Vielleicht, wenn es gerade eine sehr verträumte Melodie gibt oder ein Lied der Dankbarkeit. Bei einem Stück gebe ich das Tempo vor, bei einem anderen können Sie mich nur hören, wenn Sie die Ohren spitzen. „Frau H. spielt heute aber etwas verhalten", höre ich dann das Raunen aus dem Zuhörerraum.

Ich liebe Musik. Wenn die Töne sich aneinanderreihen und eine schöne Melodie ergeben, wenn die Instrumente zusammenspielen, sich ergänzen und sich zu einem harmonischen Chor zusammenfinden. Vielleicht kennen Sie das Gefühl, wenn Musik Sie bewegt. Oder wenn Sie durch Musik zur Ruhe kommen. Es kommt wieder Balance ins Leben. Und dann habe ich meinen kleinen Auftritt.

Musik hat die Macht, unsere Stimmungen treffsicher widerzugeben. Sie hat auch die Macht, unsere Stimmung zu verändern. Töne, Tonhöhen, Klangfarben verbinden sich zu neuen Sphären und entführen uns in eine andere Welt. Immer wieder wird mir gesagt: „Wenn das passiert, dann wissen wir, dass wir nicht allein sind. Dann sind Sie da, Frau H."

Sie müssen keine Expertin sein oder ein Meister der Komposition, um zu erkennen, welchen positiven Einfluss gute Musik auf Ihr Leben haben kann. Sind Sie verzweifelt oder niedergeschlagen? Bringen Sie Ihre Ohren in Verbindung mit schöner Musik. Sie haben sich gerade

geärgert und wissen nicht weiter? Ein Lied bringt Sie auf andere Gedanken.
Sie werden schnell merken, wo und wann ich mitspiele. Sie können die Auswirkungen unmittelbar messen. Es geht Ihnen sofort besser, wenn Sie mir im Klang der Instrumente begegnen. Manchmal bringe ich Sie zum Tanzen. Glauben Sie mir, danach ist die Welt nur halb so schlimm wie vorher.
Und ob Sie's glauben oder nicht: Ich stand am Pult mit Beethoven, ich saß neben der Orgel, während Johann Sebastian Bach komponierte. Ich war bei Händel in England, bei Luther in Eisenach und ich schlich mich ins Zimmer von Paul Gerhard. Es war nicht ganz einfach, denn er hatte zu viel üble Erlebnisse zu verarbeiten und Frau V. war gerade dabei, ihn einzulullen. Ich hab' das Weib aus dem Zimmer gejagt und Paul geholfen, zur Ruhe zu kommen. Und als es so weit war, schrieb er das bis heute sehr bewegende „Befiel du deine Wege".
Ich war bei John Newton und verhalf ihm zu „Amazing Grace", ich saß mit Ignaz Franz am Klavier und konnte dabei auf Erfahrungen zurückgreifen, die ich vor langer Zeit mit König David gemacht hatte, als er den Psalm 23 schrieb. „Großer Gott, wir loben dich" ist Herrn Franz dann auch wirklich sehr gut gelungen, finde ich. Ich brachte Christian Gregor zu Liedzeilen wie „Ach, mein Herr Jesus, wenn ich dich nicht hätte."
Aber auch in neuer Zeit konnte ich mein inspirierendes musikalisches Talent ausleben. Es musste noch nicht einmal im sakralen Rahmen sein. John Lennon konnte sich vieles nicht vorstellen, als er „Imagine" schrieb. Ich half ihm ein bisschen auf die Sprünge. Gloria Gaynor und ihr „I will survive" war nicht ganz so einfach, weil sie zuerst eine andere Melodie im Kopf hatte. Aber schließlich haben wir es doch hingekriegt.
Was glauben Sie, wer Bill Withers zu seinem „Lean on me" gebracht hat? Richtig, Frau H., und beim irischen „Be thou my Vision" stand ich auch als Patin bereit. Ich hatte meine Finger bei Bon Jovis „Keep

the faith" im Spiel und das fröhliche „You gotta be" von Des'Ree hat mir besonders viel Spaß gemacht. Bei Springsteens „Born to run" war ich auch im Zimmer. Diese Liste ließe sich jetzt endlos weiterführen. Warum? Weil Musik wichtig ist, wenn wir Frau V. aus unserem Leben fernhalten wollen. Diese hinterlistige Dame schleicht sich nämlich manchmal ganz still und leise von hinten ins Orchester. Sie merken es sofort, denn auf einmal stimmt der Ton nicht mehr. Hier ein falscher Trommelwirbel, dort ein verstimmtes Klavier, im nächsten Moment ein komplett vergeigter Einsatz der Violinen oder ein deplatziertes Gitarren-Solo. Oft vertauscht sie auch die Notenblätter, sodass nur noch Disharmonie entsteht. Ich kann Ihnen gar nicht sagen, wie viele Dirigenten komplett frustriert den Taktstock aus der Hand gelegt und gesagt haben: „Das wird nix mehr!" So ist Frau V. Ich versuche dann erst mal, Ruhe ins Geschehen zu bringen. Und danach sehen wir weiter. Manchmal sogar weit über den eigenen Horizont hinaus.

6.
Eduarda: Der Trost der Musik

„Sie ist wunderschön“, staunte die zehnjährige Eduarda über das Instrument, das man soeben in ihre Hände gelegt hatte. Weder sie noch ihre Mutter Maria hatten jemals eine echte Geige gesehen.

Kein Wunder, denn in der Kleinstadt Jericó im heißen, trockenen und bitterarmen Nordosten Brasiliens konnte sich kaum jemand ein solches Instrument leisten. Bach, Mozart, Beethoven? Den wenigsten hier sagten diese Namen etwas.

Umso ungewöhnlicher war es, dass die kleine Baptistenkirche dort Geigen und Bratschen anschaffte und vor einigen Jahren ein Musikprogramm für die Kinder des Förderprogramms startete. *„Musik öffnet den Kindern Möglichkeiten“*, erklärt Tâmisson Azevedo, der Musiklehrer des Kinderzentrums. *„Menschen brauchen eine Gelegenheit, um zu zeigen, dass sie etwas können. Und die schaffen wir für die Kinder.“*

Zunächst werden die Mädchen und Jungen im Kinderchor an die Musik herangeführt. *„Sie lernen auch Geduld, dass die Dinge einem nicht immer zufallen“*, sagt Tâmisson. *„Wenn wir etwas erreichen wollen, dürfen wir nicht aufgeben.“*

Eduarda ist eine seiner Schülerinnen. Das Mädchen mit dem krausen dunklen Haar gehörte als Tochter eines Maurergehilfen und einer kranken Mutter zu den bedürftigsten Kindern im Ort. Selbst an Tagen, an denen sie nicht im Kinderzentrum sein muss, kommt sie vorbei, um eine Mahlzeit zu bekommen. Für die Mitarbeiter ist sie ein Rohdiamant. Sie waren beeindruckt, wie natürlich sie mit der Geige umging, als man ihr zum ersten Mal erklärte, wie man auf dem Instrument spielt.

Acht Geigen und zwei Bratschen bilden bislang das kleine Orchester der Gemeinde. Der Lehrer Tâmisson und zwei Geigerinnen leiten die Kinder an. Um sie zu motivieren, wird ihnen erlaubt, die

Instrumente zum Üben mit nach Hause zu nehmen. Und auch erste Auftritte fanden statt.

„Ich war begeistert, als ich letztes Jahr das Weihnachtsmusical sah", freute sich Eduardas Mutter Maria. Für den Auftritt hatte der Pastor der Gemeinde Musiker aus anderen Städten gebeten, mit den Kindern gemeinsam zu musizieren. Es war das erste Mal, dass ein Orchester in Jericó auftrat. *„Die Geige hat unserem Zuhause viel Freude gebracht"*, sagte Maria voller Stolz. *„Und es ist eine Freude für eine Mutter, eine Tochter wie Eduarda zu haben."*

Nur wenige Tage, nachdem Maria dies gesagt hatte, starb sie. Bei der ersten Probe nach dem Tod ihrer Mutter war Eduarda stiller als sonst. Vielleicht hatten ihr ihre Worte Kraft gegeben, trotz der Trauer zu kommen und nicht aufzugeben. An diesem Tag übten die Kinder ein Lied, das davon spricht, dass Gott unsere Leere füllen möchte. Sein Titel: *„Ich werde keine Waise mehr sein."*

7.
Ein Lied kann alles verändern

Musik kann Situationen verwandeln. Das habe ich noch nie so eindrücklich erlebt wie bei einem Besuch in Uganda. Ich erinnerte mich später daran, dass Lieder ja zu allen Zeiten Menschen Mut und Hoffnung gegeben haben. Zum Beispiel unter Sklaven auf den Baumwollfeldern Amerikas oder in den Goldminen Afrikas. Sie haben in ihre Gospels alles hineingelegt, was ihnen auf dem Herzen lag. Daraus sind viele Lieder entstanden, die voller Hoffnung von einem Gott erzählen, der trägt und versorgt.

Wohin auch sollten sich die Menschen wenden, wenn nicht an einen liebenden Vater im Himmel, der nicht erst „dermaleinst" alle Tränen abwischen wird, sondern schon in ihrem konkreten Alltag Geborgenheit, Trost und neuen Lebensmut gibt. Das Schlimmste, was diesen Menschen neben körperlichen Schlägen passieren konnte, war, wenn die Wärter den Sklaven Singverbot erteilten.

Wir waren zu Besuchen von Kirchengemeinden im südlichen Uganda unterwegs und wurden eingeladen, eine „Home Visit" bei einem vierzehnjährigen Jungen zu machen. Also fuhren wir mit unserem Van in ein kleines Dorf und hielten vor einem Ein-Raum-Haus an.

Gerade als wir ankamen, fing es an, wie aus Eimern zu schütten. Ein Monsunregen, wie ich ihn noch nie erlebt hatte. Wir sind also so schnell wie möglich in die Behausung geflüchtet. Der Raum war etwa zwölf Quadratmeter groß, hatte zwei Fenster, die aber mit Stofffetzen zugehängt waren, um die Hitze etwas abzuhalten. Es war also ziemlich dunkel in dem Raum.

Offensichtlich war unsere Ankunft nicht unbemerkt geblieben, denn hinter uns kam eine große Horde kleiner Kinder mit in das Haus. Sie wollten die Gäste begrüßen oder sich vor dem Regen schützen. Vielleicht wollten einige aber auch nur überprüfen, ob die weiße Farbe unserer Haut vom Regen abgewaschen wird.

Am Ende waren zehn Erwachsene und über 30 Knirpse im Alter zwischen drei und sieben Jahren auf engstem Raum zusammengepfercht. Als die Tür geschlossen werden musste, damit der vom Regen aufgepeitschte Lehmschlamm nicht in den Raum schwappte, wurde es auf einmal sehr dunkel.

Eng, beklemmend, ungewohnt. Ich begann mich ein wenig unwohl zu fühlen. Der Regen prasselte auf das Blechdach. Es war ein ohrenbetäubender Lärm. Wir alle eng zusammengepfercht. Und mitten in dieser ungewöhnlichen Situation stand auf einmal ein kleiner Junge auf und begann zu singen. Die anderen stimmten sofort mit ein. Mitten im Lärm des prasselnden Regens erklang ein alter Gospel: Kumbaya.

Da wusste ich augenblicklich, dass Musik wirklich Hoffnung vermitteln kann, und ich spürte den großen Segen, den Gott für diese Armen (und für mich selbst) bereithält.

8.

Rydia und Fred: … und dann werden wir tanzen

In den letzten Jahren habe ich viele Begegnungen mit armen Menschen gehabt, aber diese hier hat mir einen Stich ins Herz versetzt und mir die Tränen in die Augen getrieben. Es ist eine dieser Begebenheiten, die ich hoffentlich nie vergessen werde. Einer dieser „heiligen Momente", in denen ich eine besondere Botschaft von Gott bekommen habe.

Wir waren mit einer Horde von sportbegeisterten Laien-Marathon-Läuferinnen und -Läufern in Uganda. „Muskathlon" nannte sich das Event. Alle Teilnehmer hatten einen großen Einsatz gebracht. Sie mussten 10.000 Euro für das Startgeld aufbringen, oder aber dafür sorgen, dass zehn Kindern aus extremsten Verhältnissen durch eine Patenschaft nachhaltig geholfen wurde.

Wir waren mit mehreren Bussen unterwegs. Zwei Tage bevor das eigentliche Event – der Marathon – stattfand, besuchte unsere Reisegruppe eine Kirche, die mit Compassion kooperierte. Wow. 300 Kinder begrüßten uns und wir hatten viel Spaß bei verschiedenen Aktivitäten. Am Schluss des Programms fragte der Pfarrer in unsere Gruppe hinein, wer von uns gerne Kinder auf dem Weg nach Hause begleiten würde.

Mir waren die ganze Zeit schon Zwillinge aufgefallen. Vielleicht weil meine Frau und ich selbst Zwillinge haben. Diese hier waren deutlich von Armut gezeichnet. Sie hatten die typischen ausgebeulten Bäuche. Ein Zeichen von mangelnder Ernährung. Wir machten uns auf den Weg zu ihnen nach Hause. Dabei mussten wir durch einen kleinen Dschungel etwa einen Kilometer einen Hügel erklimmen. Und dann standen wir auf einem Plateau vor zwei kleinen Steinhäusern. Die Zwillinge Legion und Rogers stellten mir ihre Eltern vor: Rydia und Fred. Sie luden mich ein, mich zu ihnen auf eine Decke vor dem Haus zu setzen. Nach einer kleinen Anwärm-Phase kamen wir dann etwas tiefer ins Gespräch.

Rydia erzählte, dass sie zweimal in der Woche etwas Nahrhaftes zu essen haben. Zweimal! Auf meine erstaunte Frage, was sie denn sonst essen, zeigte sie auf die Bäume und sagte: *„Wir essen die Blätter von den Bäumen, um unsere Mägen zu beschäftigen."* Blätter von den Bäumen. Ich habe es noch nie probiert und bin auch sehr froh, dass ich es nie selbst probieren musste. Ich wurde an eine Reise auf Haiti erinnert. Dort erzählten mir Mütter, dass sie aus Lehm kleine Kuchen backen und ihre Kinder dann immer etwas abbröckeln und essen, um die Mägen in Gang zu halten.

Wasser holte Rydia aus einem dreckigen Wasserloch, das 500 Höhenmeter entfernt unten im Tal liegt. Meistens ist es aber versiegt, sodass sie sechs Kilometer zum nächsten Wasserloch laufen muss. Kein Wunder, dass das alles viel Zeit kostet, Zeit, die an anderen Stellen fehlt.

Fred erzählt, dass er eigentlich Bauarbeiter ist und Häuser bauen kann. Ein Tagelöhner, denn er geht jeden Morgen ein paar Kilometer ins nächste Dorf, stellt sich mit vielen anderen auf den Markplatz und wartet, dass jemand vorbeikommt und ihm für diesen Tag Arbeit gibt. Das geschieht im Durchschnitt an maximal fünf Tagen im Monat. Sein Lohn: Ein US-Dollar pro Tag für zehn Stunden Arbeit.

Diese Familie hat also maximal fünf Dollar pro Monat zur Verfügung, um zu überleben. Die Grenze für extreme Armut wird von der UN auf 2,15 USD pro Tag festgelegt. Diese Familie liegt weit darunter.

Da ich die Zwillinge in der Kirche kennengelernt hatte, habe ich geglaubt, dass diese Familie vielleicht auch einen Bezug zur Kirche hatte. Vielleicht stellte ich deshalb die Frage, deren Beantwortung mich bis heute beschäftigt: *„Wenn Jesus jetzt in Person hier vor euch stehen würde und ihr hättet eine einzige Frage, was würdet ihr fragen?"*

Kein Klagen, kein Murren. Rydia überlegt kurz und sagt dann: *„Ich würde ihn fragen, ob er mit der Art und Weise, wie ich ihm nachfolge, zufrieden ist.“*

Ich traue meinen Ohren nicht und frage noch mal nach. Aber die zweite Antwort ist die gleiche. Dann frage ich Fred und sage: „Hey, komm, unter uns Männern. Mal ehrlich. Was wäre deine Frage an Jesus?“

Seine Antwort ist nicht weniger bewegend: *„Wenn Jesus hier vor mir stünde, hätte ich keine Frage an ihn. Ich würde ihn an den Händen fassen, und dann würden wir tanzen!“*

Gibt es einen besseren Ausdruck für Hoffnung, als zu tanzen?

9.
Benson: Vom „kleinen Nichts" zum Rechtsanwalt

Wenn Benson Hamis an seine Kindheit denkt, wird er immer noch von einem großen Schmerz erfüllt. Von den anderen Kindern ausgegrenzt, gehänselt, beschimpft und verspottet zu werden, gehörte einfach dazu. Als sein alkoholabhängiger Vater dann auch noch wegen Diebstahls zu 18 Monaten Gefängnis verurteilt wurde, war es mit der Anerkennung in der Nachbarschaft komplett vorbei. *„Ich war ein kleiner Junge, der die Hoffnung im Leben verloren hatte"*, erinnerte er sich.

„Ich komme aus einer islamischen Familie", erzählte er mir, als wir uns zum ersten Mal begegneten. *„Ich habe noch zwei Geschwister, aber ich bin der Älteste. Wir wohnten im Norden Arushas, einer der größten Städte im ostafrikanischen Tansania. In meiner Familie hat's irgendwie immer geknallt, denn mein Vater war Alkoholiker und sehr gewalttätig."*

Benson hatte aber noch andere Schwierigkeiten zu bewältigen, denn in seiner Nachbarschaft wollte keines der Kinder etwas mit ihm zu tun haben. Die Gegend war ohnehin nicht gerade kinderfreundlich, die Lebensumstände von extremer Armut gekennzeichnet. So etwas wie Liebe gab es in der Familie nicht. *„Mein Vater war Lkw-Fahrer, aber er arbeitete eher selten, und wenn er mal etwas verdiente, setzte er das wenige Geld direkt in Alkohol um. Er konnte einfach nicht für die Familie sorgen und so übernahm das meine Mutter."*

Kein Einzelfall in Tansania. Bei meinen Besuchen dort habe ich immer wieder den Eindruck, dass es nicht nur eine sehr junge Gesellschaft ist, sondern geradezu eine „vaterlose Gesellschaft". Männer habe ich äußerst selten in den Behausungen angetroffen. Ich wollte es gar nicht glauben, als ich einen kleinen Jungen fragte: *„Wenn dein*

Vater abends nach Hause kommt, spielt er dann mit dir?" Ich wurde angeschaut, als käme ich vom Mond. Also fragte ich noch mal nach: *„Vielleicht am Wochenende?"* Der Junge schaute mich etwas verlegen an und sagte dann ziemlich leise: *„Wenn unser Vater irgendwann mal nach Hause kommt, verlässt die Freude in dem Augenblick unsere Hütte!"*

So ging es offensichtlich auch Benson und seinen Geschwistern, denn das Leben zeigte sich ihnen immer wieder von der hässlichen Seite. *„Alles war schwierig. Wir konnten oft nicht einmal die Grundbedürfnisse abdecken. Regelmäßiges Essen, saubere Kleidung oder auch medizinische Versorgung? Fehlanzeige!"* Seine Familie lebte zudem noch auf engstem Raum. Fünf Personen in einer Ein-Raum-Hütte von ca. zwölf Quadratmetern. *„Zur nächsten Toilette war es ein Fußweg von fünf Minuten."*

Doch nicht nur diese äußeren Umstände waren schwierig. Der kleine Junge kämpfte mit ganz anderen Problemen, die nicht gerade zu einem gesunden Selbstbewusstsein oder einer normalen Selbstannahme führen. Die Kinder der Gegend hatten sich Benson als ihren ‚Deppen vom Dienst' ausgesucht. Er wurde schikaniert, wo es nur ging. Manchmal wurde ihm das Gefühl gegeben, dass er doch irgendwie zur Gruppe gehörte, aber nur um ihn auszunutzen, dumm dastehen zu lassen und gemeinschaftlich auszulachen. Keins der Kinder wollte ernsthaft mit ihm spielen und so vermied der kleine Junge jeglichen Kontakt zu den anderen Kindern, die ohnehin nichts mit ihm zu tun haben wollten.

In Tansania werden Kinder normalerweise im Alter von sieben Jahren eingeschult, aber Benson wurde nicht angemeldet. Vielleicht wollte seine Mutter den Kleinen nicht weiteren Enttäuschungen und Schikanen aussetzen oder sie scheute die Schulgebühren und die hohen Kosten, die zum Beispiel mit der Anschaffung von Schulkleidung einhergehen. Immerhin versuchte sie, ihrem Sohn selbst Lesen und Schreiben beizubringen. Benson erinnerte sich an diese Situation mit einem gehörigen Schuss Wehmut in der Stimme: *„Ich war nicht in der Schule und hatte keine Träume. Eigentlich hatte ich auch keine Zu-*

kunft!" Und was ihm auch schmerzlich fehlte, war jemand, zu dem er aufschauen konnte. Ein positives Beispiel für ein Leben, das er selbst auch führen wollte.

Sein Vater war kein Vorbild. Er schlängelte sich nur mit Hilfsjobs durchs Leben. Als Benson dreizehn Jahre alt war und im Leben eigentlich schon deutlich bessere Chancen für eine positive Zukunft sah, wurde sein Vater verhaftet. In der Firma, in der er als Wachmann jobbte, wurde ein Generator gestohlen. Das Gericht verurteilte ihn zu 18 Monaten Gefängnis, obwohl er – wie Benson beteuerte – unschuldig war. *„Das war eine der schwierigsten Phasen in unserem Leben. Wir glaubten meinem Vater, dass er unschuldig war, aber dennoch musste er ins Gefängnis, weil er niemanden hatte, der ihn verteidigte. Von diesem Moment an wuchs in mir der Wunsch, einmal Anwalt zu werden, um Menschen zu helfen, die Gerechtigkeit brauchen.*"

Zu dieser Zeit war Benson bereits seit einigen Jahren im Förderprogramm der lokalen TAG Bethel Church, die ein Zentrum für Kinder aus ärmsten Verhältnissen unterhält. Jeden Samstag gibt es ein spezielles Programm, in dem die Kinder gefördert werden. *„Vieles änderte sich sofort für mich*", erinnert sich Benson an die Zeit, als er mit acht Jahren ins Förderprogramm aufgenommen wird. *„Das Wichtigste war, dass sie mich in der Schule anmeldeten, mir die Schuluniform bezahlten und meine medizinische Versorgung.*"

Jeden Samstag darf er am Förderprogramm teilnehmen – und so erlebt er als Muslim, wie christliche Gottesdienste gefeiert werden. Ein Wendepunkt in seinem Leben. *„Durch dieses Programm und dadurch, wie die Mitarbeiter dieser Kirche mit mir umgingen, lernte ich mich selbst besser kennen und ich begann, daran zu glauben, dass mein Leben sinnvoll ist und ich für andere Menschen eine Bedeutung haben könnte. Das stärkte mein Selbstbewusstsein und schließlich wurde ich so etwas wie der Sprecher für die anderen Kinder. Sie respektierten mich sehr.*"

Offensichtlich ist in Bensons Leben etwas geweckt worden, das entwickelt werden wollte. Dinge verändern sich. In der Schule wird er zum Schulsprecher gewählt. Eine absolute Kehrtwende im Leben eines Jungen, der früher nie „dazugehören" durfte, der belächelt, verspottet und ausgegrenzt wurde. *„All die Beschimpfungen und Minderwertigkeitsgefühle, die mich in meiner ganzen Kindheit begleiteten, hatten ein Ende. Gott half mir, mich selbst zu entdecken. Er half mir, mein Potenzial zu erkennen und etwas aus meinen Begabungen zu machen. Das führte mich auf bisher unbekannte Höhen in meinem Leben, denn ich werde jetzt von anderen respektiert und anerkannt."*

Doch obwohl sich das wie eine große Erfolgsgeschichte zu lesen beginnt, war es doch nicht ganz so einfach für ihn. Menschen, die in extremer Armut leben, haben zu kämpfen. Gerade in der Zeit, in der Bensons Vater im Gefängnis saß, wurden die Herausforderungen für die Familie nahezu unerträglich. Bensons Mutter verdiente mit kleineren Jobs gerade so viel, dass die Familie überleben konnte, aber mehr auch nicht. Die Kinder versuchten, sie – so gut es ging – zu unterstützen. Sie holten Wasser von einem Wasserloch, damit die Mutter für andere Menschen die Wäsche waschen konnte. Die Bezahlung war mies, aber immerhin besser als gar nichts.

Wie anders war das Leben jeden Samstag im Förderprogramm der Kirche. Neben den Gottesdiensten, dem Nachhilfeunterricht und dem Freiraum, ausgelassen mit anderen Kindern spielen zu können, gab es auch noch eine besondere Art von Bildung. *„Ab und zu gab es Ausflüge. Ich war das erste Mal in meinem Leben in einem Nationalpark. Wir besuchten Fabriken, um zu lernen, was mit guter Arbeit erreicht werden kann. Alles gab mir das Gefühl, geliebt und umsorgt zu sein. Früher habe ich immer gedacht, nur Kinder aus reichen Familien könnten so etwas erleben. Es schien für mich unerreichbar zu sein."*

Wenn Kinder aufblühen, hat das auch Auswirkungen auf die Familie. Bensons Mutter begann, die Gottesdienste der Kirche zu besuchen. Eines Tages entschied sie sich, Jesus Christus zu vertrauen und mit ihm zu leben. Auch Bensons Bruder und seine Schwester wurden Christen. Heute sagt Benson: *„Weil wir Jesus kennengelernt haben, konnten wir trotz der schwierigen Lebenssituation immer wieder Hoffnung schöpfen. Gott hat unser Leben völlig verändert. Wir hoffen,* *dass unser Vater auch diese Entscheidung trifft, und freuen uns schon auf die Veränderung, die das mit sich bringen wird."*

Doch nicht nur die Kirche am Ort kümmerte sich um die Entwicklung des Jungen. Es gab noch andere Menschen, denen er wichtig war: seine Paten. Sie lebten in der Vorstellungswelt des Jungen in einer völlig anderen Welt. Daher war er immer wieder überrascht, wenn er einen Brief von ihnen in den Händen hielt. *„Sie heißen Brian und Mary und ihre Briefe haben mich immer ermutigt. Sie haben mir sehr viel Hoffnung gegeben, haben mir immer wieder gesagt, dass es sich lohnt, in Schwierigkeiten nicht zu resignieren. Wenn ich ihnen mein Schulzeugnis schickte, kamen sehr ermutigende und lobende Briefe zurück. Sie schrieben mir auch immer wieder, dass sie für mich beteten und dass sie mich liebten."*

Diese besonderen Briefe sind der Grund, warum Benson konsequent seinen Weg ging und seinen großen Traum verwirklichen wollte: Rechtsanwalt werden. Seine Paten schrieben ihm auch immer wieder, er sollte seinen Glauben an Gott nicht aufgeben und seine Hoffnungen auf ihn setzen. *„Es gab Zeiten, in denen ich mit meinem Studium zu kämpfen hatte, aber sie sagten mir, ich solle durchhalten. Sie haben mich sehr ermutigt."*

Benson schaffte es tatsächlich an die Universität und studierte Jura. Durch die finanzielle Unterstützung wurden seine Studiengebühren beglichen. Er konnte Unterkunft und Verpflegung bezahlen und sich dadurch voll auf sein Studium konzentrieren. Nach erfolgreichem Abschluss des Studiums wurde er an der „Law School of Tanzania" zum Anwalt ausgebildet, in die Anwaltskammer aufgenommen und arbeitet heute in einer renommierten Anwaltskanzlei. Der „Master of Law" folgte. Ich war erstaunt, als er mir ein Foto zeigte, das die Kanzlei auf ihrer Website veröffentlicht hatte: Benson saß hinter einem großen dunkelbraunen Schreibtisch und hinter ihm standen seine Kolleginnen und Kollegen. Alle in dunkler Kleidung, vor einer mit Holz getäfelten Wand. Es sah aus wie in amerikanischen Anwaltsfilmen oder wie die Bilder, die ich im Kopf habe, wenn ich einen Anwaltsroman lese. Mir kam direkt die Schlagzeile in den Sinn: BENSON – vom ausgegrenzten, missachteten und von allen ausgelachten kleinen Jungen zum Rechtsanwalt, der sich für die Schwachen, die Ausgegrenzten und die ungerecht Behandelten einsetzt. Weil geweckt und gefördert wurde, was Gott in ihn hineingelegt hat.

10.

Dr. Rediy: Nicht gewöhnlich, außergewöhnlich

Manchmal sind die Menschen, die ich bei meinen Reisen treffe, sehr zurückhaltend, fast schon schüchtern. Das ist auch kein Wunder, denn wir müssen uns erst mal kennenlernen. Natürlich haben wir über die Arbeit schon eine gewisse Beziehung, aber trotzdem braucht es immer eine gewisse Zeit, bis ein gutes Gespräch entsteht.

Bei Rediy war das anders. Ich traf sie im Garten eines Hotels in Addis Abeba und spürte sofort ihre Offenheit. Hier begegnete ich einer jungen Frau, die selbstbewusst auftrat, mich herzlich begrüßte und die selbst auch Fragen stellte. Und so entstand ein sehr gutes, angenehmes Gespräch, obwohl die Geschichte, die sie mir erzählte, alles andere als angenehm war.

Rediy hat einen acht Jahre älteren Bruder und eine Zwillingsschwester. Eigentlich kommt sie nicht aus einer armen Familie. Ihr Vater hatte eine Arbeitsstelle und der Familie ging es gut, bis Rediy und ihre Schwester 9 Jahre alt waren. Ihre Eltern kamen aus der Mittelschicht, ihre Mutter war gebildet und konnte ebenfalls zum Familieneinkommen beitragen. Doch dann schlug das Schicksal zu.

Ihr Vater wurde krank. Ständig fühlte er sich abgeschlagen und müde. Manchmal hatte er aus heiterem Himmel hohes Fieber und heftige Kopfschmerzen. Sein Nacken wurde steif und er konnte den Kopf nur unter äußersten Schmerzen bewegen. Heute weiß die Familie, dass es sich um eine Meningitis handelte, eine durch einen Virus verursachte bakterielle Erkrankung, die zu einer eitrigen Hirnhautentzündung führt. Das Geld für die teuren Medikamente, die aus dem Ausland importiert werden mussten, konnte die Familie nicht aufbringen. Nach etwa einem Jahr starb ihr Vater.

Schon während der Krankheit ging es sozial immer mehr bergab. Rediys Vater war der Hauptversorger der Familie und aufgrund seiner Krankheit konnte er nicht mehr arbeiten. In solchen Situationen schlägt dann das Schicksal für viele Menschen, die in den ärmeren Ländern der Erde leben müssen, voll zu. Krankenkasse? Ein Fremdwort! Versicherungen? Fehlanzeige! Finanzielle Hilfe von anderen? Nein, denn die kommen ja selbst gerade so über die Runden. Wer in den ärmsten Ländern dieser Welt plötzlich krank wird, muss entweder einen sehr robusten Körper haben, der sich in gewisser Weise selbst heilen kann, oder aber auf unerwartete Unterstützung durch andere Menschen hoffen. Beides traf bei Rediys Vater leider nicht zu. Und so starb er an einer Hirnhautentzündung, die behandelbar gewesen wäre, wenn die Familie genug Geld gehabt hätte, um die Medikamente aus dem Ausland zu besorgen.

Die Mutter hatte in der Folgezeit sehr zu kämpfen, ihre drei kleinen Kinder einigermaßen durchzubringen. Den Lebensstandard zu halten, war aussichtslos. Es ging bereits kurze Zeit nach dem Tod des Ernährers nur noch ums Überleben. Die Familie verarmte immer mehr. Während ihre Mutter sich darum kümmerte, irgendwo ein bisschen Geld zu verdienen, mussten sich die drei Kinder um den Haushalt und um sich selbst kümmern. Nicht gerade der positivste Start ins Leben. Alle drei besuchten eine öffentliche Schule, denn in Äthiopien gibt es – wie in den meisten Ländern – Schulpflicht.

Ihre Mutter hörte von einer christlichen Gemeinde, die sich um Kinder aus ärmsten Verhältnissen kümmert. Ein Sozialarbeiter besuchte die Familie und sah direkt, mit welchen Herausforderungen sie zu kämpfen hatte. Deshalb schlug er dem Entscheidungskomitee vor, die Zwillinge ins Patenschaftsprogramm aufzunehmen. *„Er hatte meiner Mutter gesagt, dass es eine evangelische Kirche ist, dass wir neben Schulunterricht und vielen Möglichkeiten, unsere Fähigkeiten zu entwickeln, auch die Bibel lesen werden und von Jesus hören. Gleichzeitig versicherte er aber auch, dass niemand im Förderprogramm gezwungen werde, evangelisch zu werden.“*

Rediy erinnerte sich noch sehr gut an ihren ersten Tag im Kinderzentrum: *„Alles war fremd. Wir kannten niemanden, aber das änderte sich bald. Meine Schwester und ich fanden sehr schnell Freundinnen, die uns bis heute begleiten."*

Samstags war meist Projekttag im Kinderzentrum. Die Kinder kamen zur Kirche, erlebten einen Auftaktgottesdienst mit vielen Liedern, einer biblischen Geschichte und viel Spaß, dann konnten sie sich in Altersgruppen wie in einer Art Workshop mit verschiedenen Themen beschäftigen, die ihnen gefielen. Das konnte eine Nähstube sein, ein Frisiersalon, Training an Computern oder auch andere Dinge, die normalerweise außerhalb ihrer Reichweite waren. Denn was es in ärmlichen Wohngegenden sicher nicht gab, waren Tablets oder Computer. Darüber hinaus gab es auch Seminare, in denen die Kinder und Jugendlichen sich mit der Bibel beschäftigen konnten.

„Das war ein cooler Ort für uns", erzählt Rediy, als ich sie wieder einmal in Addis Abeba treffe. *„Wir haben dort miteinander gespielt, ich konnte Bücher ausleihen und habe gerne gelesen, wir haben dort Freunde gefunden. Und: Ich habe diesen großen Gott kennengelernt, von dem gesagt wurde, dass er sich um jeden Einzelnen von uns kümmern würde."*

Interessanter Punkt. Ist das redlich? Kinder materiell zu versorgen, ihnen Bildung zu vermitteln – und dann gleichzeitig mit der Bibel um die Ecke zu kommen? Ich fragte Rediy, ob sie gezwungen worden war, an den christlichen Inhalten des Programms teilzunehmen. Ihre Antwort kam schnell und ist sehr klar: *„Nein!"*

Sie erzählte, wie sie es genossen hatte, mehr von Gott zu erfahren. *„Ich wollte mehr von Gott erfahren. In der orthodoxen Kirche, die wir gar nicht so oft besuchten, war alles so formell und strukturiert. Ich habe vieles nicht verstanden, aber hier in dieser Kirche wurde mir ein Gott vorgestellt, der sich um mich kümmerte. In der orthodoxen Kirche hatte ich nicht den Eindruck, dass ich mit Gott reden könnte. Er war so weit weg von unserem Leben. Dazu kamen die nicht erhörten Gebete, als mein Vater krank wurde. Aber hier im Kinderzentrum dieser Kirche lernte ich* *einen barmherzigen Gott kennen, einen Gott, zu dem ich – wie zu einem Vater – kommen konnte. Einen Gott, mit dem ich reden konnte.“*

Das beeindruckte nicht nur Rediy und ihre Zwillingsschwester, die regelmäßig am Förderprogramm und manchmal auch an den Sonntagsgottesdiensten teilnahmen, sondern schließlich auch ihre Mutter. Sie fing an, sonntags in die evangelische Kirche zu kommen. Die Mutter und die Zwillinge fanden in der Kirche einen Glauben, der im Leben trägt. Und auch das Förderprogramm zeigte nachhaltige Auswirkungen: *„Die Mitarbeiter erklärten uns immer wieder, dass es kein Zufall sei, dass wir leben. Sie ermutigten uns, dass wir unsere Berufung finden könnten und den Weg dann gehen sollten.“*

Hoffnung bekommen, selbst wenn die Umstände nicht gut aussehen und das Leben vor allem eine Botschaft sendet: ‚Du musst kämpfen! Du musst dich um alles selbst kümmern!‘ Für Rediy sah das in der Rückschau ein wenig anders aus. Sie sagte: *„Wir leben in einer kaputten Welt. Wenn alles im Chaos zu versinken droht und wir tatsächlich kämpfen müssen, dann brauchen wir eine Hand, die uns hält. Eine Hand, die uns von außen die Richtung zeigt. Jemanden, der uns sagt, dass wir nicht allein sind. Diese Hand ist für uns Jesus Christus.“*

Doch noch etwas anderes trug zu der Entwicklung bei, die Rediys Leben genommen hat: *„Wir lernten im Kinderzentrum der Kirche viele Dinge, die unseren Charakter formten. Es gab verschiedene Clubs. Ich war Mitglied im Debattier-Club. Es gab einen Chor, es gab sogar einen sogenannten Quiet-Club, da wurde nur leise gesungen. Wir hatten einen Bowling-Club und einen Laden, in dem wir Gebrauchtwaren aufbereiteten und verkauften. Singen, Volleyball und Gebet. Das waren Säulen in meinem Leben als Jugendliche. Und die vielen Freunde, die wir in der Kirche gefunden hatten. Das sind Freunde fürs Leben geworden.“*

Rediy studierte Tropenmedizin, ihre Schwester Tiermedizin. Beide promovierten und tragen heute Doktortitel. Ihre Schwester ist Dozentin an der Universität. Rediy forschte an einem Mittel gegen Malaria und arbeitet heute in einem pharmazeutischen Unternehmen als Produktmanagerin. Ihr Bruder arbeitet in der Computerbranche als Software-Programmierer. *„Durch die Förderung in dieser Gemeinde kam Hoffnung in unser Leben. Ich merkte auf einmal, dass mein Leben nicht von den äußeren (schlechten) Umständen definiert werden muss, sondern dass ich etwas kann und etwas verändern kann. Wir haben unser Leben in die eigenen Hände genommen, haben mit Gottes Hilfe etwas draus gemacht. Heute können wir drei Geschwister nicht nur unsere Mutter finanziell versorgen, sondern auch die Verwandtschaft. Wir sind zum Motor für die ganze Familie geworden."*

Einige Jahre nach unserer ersten Begegnung traf ich Rediy noch einmal. Wir tranken einen Kaffee miteinander und kamen ins Erzählen. Eine gute Gelegenheit, noch mal etwas tiefer nachzufragen. Unverschuldet in Armut geraten, dann durch ein Förderprogramm zurück ins Leben gefunden, die eigenen Begabungen ausgebaut und nun Managerin in einem Pharmaunternehmen? Mich interessierte, wie jemand, der das erlebt hat, heute über Armut denkt.

Rediy braucht nicht lange zu überlegen: *„Okay, da ich ja Verkäuferin von pharmazeutischen Konzepten und Produkten bin und Spezialistin für Infektionskrankheiten"*, setzt Rediy zu einem vermeintlich längeren Vortrag an, *„würde ich Armut mal als mittelgroßes Problem definieren. Es ist lösbar, aber es hat viel mit deiner eigenen Einstellung zu tun. Wenn Armut deine Gedanken bestimmt und sie dann Metastasen in anderen Bereichen deines Körpers bildet, wird zunächst dein Herz, dann deine Seele und schließlich dein ganzer Charakter davon infiziert sein. Das killt jegliche Motivation, die Situation zu verändern. Wenn Armut also eine Infektion oder ein System ist, dann müssen wir die Verbreitung in uns selbst stoppen. Sie muss geblockt werden! Denn sie raubt jegliche Hoffnung und verdirbt den Charakter. Wir können sie also tatsächlich mit Bakterien oder mit einem Virus vergleichen."*

Und dann strahlt sie, als sie davon erzählt, was ihre Lebensphilosophie ist: *„Weißt du, viele Menschen in Armut geben sich einfach kampflos auf. Sie erkennen überhaupt nicht, dass sie selbst etwas an ihrer Situation ändern können. Ich durfte Gott kennenlernen, das hat alles verändert. Ich bin überzeugt, dass er mich über alles liebt und dass ich* *in seinen Augen wertvoll bin. Ich bin ein Kind Gottes. Für mich heißt das, ich muss kein gewöhnliches Leben haben und mich an den anderen in meiner Umgebung orientieren. Nein! Ich kann ein außergewöhnliches Leben haben. Ich bin außergewöhnlich!"*

11.

Frau H. wird überprüft

Für manche bin ich ein Mysterium. Sie können nicht viel mit mir anfangen, aber ohne mich können sie auch nicht leben. Ich bleibe für sie das berühmte Buch mit den sieben Siegeln. Wissenschaftler wollen mich messen können, aber das ist gar nicht so einfach. Mir werden Heilkräfte zugesprochen, aber meistens wird als Begründung dann die richtige Dosis an Medikamenten genannt oder das ärztliche Wissen oder die richtige Behandlungsmethode. Weit gefehlt! Wäre Frau H. nicht im Spiel, würden viele Patienten nicht geheilt.

Da gibt es zum Beispiel in Portugal die Psychotherapeutin Teresa Freire. Ihr Spezialgebiet ist die Kinder- und Jugendpsychologie. Sie kommt zu dem Schluss: „Eines der wichtigsten Dinge, die ich in über 30 Berufsjahren von Kindern und Jugendlichen, die ich traf, gelernt habe, hat mit Hoffnung und mit ihrer Rolle in unserem Leben zu tun. Sie ist eine zentrale Ressource der Menschen und ist wichtig, damit unser Leben überhaupt funktioniert."

Für einige Mediziner scheine ich eine wesentliche Rolle zu spielen. Im Jahr 2017 sorgte eine Studie im Fachmagazin ‚BMC Medicine' für Aufsehen. Sie stammt von Wissenschaftlern der Universität Marburg unter Leitung des Psychologen Winfried Rief. Es geht dabei um Herzpatienten. An der Studie nahmen 124 Patienten teil, denen eine Bypassoperation am geöffneten Brustkorb bevorstand. „Kann man sich mental auf so etwas vorbereiten?", so lautete die Ausgangsfrage. Ein Teil der Patienten schmiedete zusammen mit einem Psychologen Pläne: Eine Patientin nahm sich vor, vier Wochen nach der OP ihre Balkonkästen zu bepflanzen. Ein Patient hoffte, nach drei Monaten seinen Lieblingsweg entlangzuflanieren, eine weitere Patientin malte sich eine Italienreise aus. Der andere Teil der Probanden, die Kontrollgruppe, traf keinen Psychologen, machte keine Pläne.

Sechs Monate später stellten die Forscher einen messbaren Unterschied im Körper der Probanden fest: Die Teilnehmer mit den Zukunftsplänen hatten deutlich geringere Entzündungsmarker und Stresshormone im Blut, waren weniger beeinträchtigt im Familienleben und bei der Arbeit. Es ging ihnen nachweislich besser als den Patienten aus der Kontrollgruppe.
„Wenn man so will", sagt Winfried Rief, „haben wir da die Kraft der Hoffnung gemessen."
So ist es. Meine Wirkung ist messbar! Vielleicht wird es auch klarer, wenn Sie sich mal vor Augen führen, was passiert, wenn ich mich längere Zeit nicht in Ihrem Leben blicken lasse. Die Auswirkungen können verheerend sein:
– Depressionen
– Orientierungslosigkeit
– fehlende Antriebskraft
– Schlafstörungen
– körperliche Überbelastung
– und vieles mehr!
Hoffnungslosigkeit geht einher mit einer Perspektivlosigkeit. Sie verlieren den Glauben, dass die Zukunft besser sein wird als die Gegenwart. Hoffnung dagegen kann zur Antriebsfeder für sehr positive Entwicklungen werden.
Wenn ich mal kurz erwähnen darf, welche anderen Worte im Zusammenhang mit mir gebraucht werden, wird sicher schnell klar, welche Power ich habe:
Glauben / Vertrauen auf / auf etwas setzen / etwas wagen / mutig sein / nach vorne gehen / Schutz / Perspektive / Chance / Optimismus / Zukunftsglaube / Gewissheit / Lichtblick
Es gibt noch Dutzende anderer Begriffe, die als Synonyme für mich verwendet werden können. Menschen, bei denen Frau H. sich blicken lässt, zeichnet eine ganz besondere Eigenschaft aus: Sie schauen mehr nach vorne als nach hinten. Das bedeutet nicht, dass sie die Vergangenheit ignorieren oder das Leben nur durch die ‚rosa Brille' sehen.

Sie lassen aber ihr Leben nicht von der Vergangenheit bestimmen! Vor allem nicht von den Fehlern der Vergangenheit.
Aber wer bin ich? Bin ich ein Gefühl, eine Gewissheit, eine Illusion?
Im Neuen Testament nennt der Apostel Paulus die Begriffe „Glaube, Liebe, Hoffnung", die ewig bleiben werden. Dabei ist die Hoffnung mit Sicherheit der Sprit, der die Energie liefert. Hoffnung ist die Antriebskraft für vieles, was ohne sie nie gelingen würde.
Eine Begegnung mit mir hat positive Auswirkungen auf Ihr Leben!
Dabei geht es nicht nur um Selbstmotivation. Wenn ich bei Ihnen einziehe, dann merken Sie das sofort. Sie beginnen aufzublühen und trauen sich auf einmal Dinge, die andere Ihnen nie zugetraut hätten. Sie werden sich von Herzen wünschen, dass ich Sie nie mehr verlasse.

12.
Betty: Das neue Leben kann gelingen

Wenn Gott in die Geschichte eingreift, kann das Leben eines Menschen komplett verändert werden. Und manchmal gestattet er uns, ein Teil dieser Veränderung zu sein. Ihr Name ist Bethlehem, aber die meisten sagen nur „Betty“ zu ihr. Sie lebt in Addis Abeba in Äthiopien. Ich traf sie das erste Mal im Oktober 2007 in einer kleinen christlichen Kirche in Addis.

Das Bild ist mir vertraut: Ein etwas verschüchtertes Mädchen mit einer ausgeblichenen blauen Stoffjacke und großen, braunen Augen, die mich erwartungsvoll anschauen. Ich habe direkt gemerkt, dass dieses Mädchen etwas Besonderes ist. Es war meine erste Reise als CEO von Compassion Deutschland. Wir hatten das Büro in Marburg noch nicht eröffnet. Unsere eigenen Zwillinge Debora und Denise hatten mir den Auftrag gegeben, nach einem Patenkind Ausschau zu halten, das wie sie zehn Jahre alt ist.

Elizabeth Hassen, eine Mitarbeiterin der Gemeinde in einem der ärmsten Viertel von Addis, stellte mir Betty und ihre Mutter vor. Einige Jahre später erzählte sie mir, wie es kam, dass Betty schließlich unser Patenkind wurde. Und einmal mehr wurde mir bewusst: Gottes Wege sind ‚nicht von dieser Welt‘: *„Es war ein ‚göttlicher Moment‘, als du Betty bei uns im Projekt getroffen hast, denn sie war zu der Zeit gar kein Kind unseres Kinderzentrums. Wir hatten immer wieder unser Bestes versucht, sie ins Programm aufzunehmen, da die Quote sehr klein war und die Not groß ist (wenn wir 30 Kinder registrieren dürfen, würden 300 und mehr bedürftige Kinder auftauchen), deshalb warfen wir das Los unter den vielen bedürftigen Kindern.“*

Leider gehörte Betty kein einziges Mal zu den glücklichen Kindern, auf die das Los fiel, sodass sie nicht ins Förderprogramm aufgenommen wurde. Außerdem erreichte sie das Höchstalter von neun

Jahren, sodass sie keine Chance hatte, registriert zu werden. *„Ich erinnere mich noch wie gestern, als du mich darum batest, ein zehnjähriges Mädchen zu finden, und als du uns das Foto eurer Zwillinge zeigtest und sagtest, dass sie eine Patenschaft für ein Mädchen in ihrem Alter übernehmen wollten. Ich konnte meinen Ohren nicht trauen, ein zehnjähriges Mädchen?"*, erzählte Elizabeth mir.

„Ich überlegte sofort, wen ich zu Bettys Wohnung schicken sollte, um sie abzuholen, und betete, dass sie auch dort sein würde. Ich fand sofort jemanden, den ich schicken konnte, und sie war tatsächlich dort. Betty hatte also das Glück, an diesem Tag euch als Paten zu bekommen. Dies ist eine der großen Geschichten, die mein Herz erwärmt und mir die Kraft gibt: Ein Mädchen, das keinen Platz im Projekt bekommen konnte, weil sie bereits 10 Jahre alt war, bekam Paten, weil sie ein Mädchen war und 10 Jahre alt, ist das nicht erstaunlich? Gott ist am Werk, es ist ein wahrer Segen, in seinem Reich zu arbeiten."

Einige Jahre später haben wir gemeinsam mit unseren Kindern Betty und ihre Mutter in Addis Abeba besucht. Damals lebte sie mit ihrer Mutter in einer Ein-Raum-Wohnung von sechs Quadratmetern. Ihre Mutter erzählte uns, dass alle Verwandten gestorben seien. Wenn ihre Nachbarn oder Bekannten fragen würden, ob sie denn keine Familie mehr hätten, würde sie immer sagen: *„Doch, wir haben eine Familie. Aber die lebt nicht hier. Sie lebt in Europa, in Deutschland."* Und dann zeigte sie auf uns und sagte: *„Ihr seid unsere Familie!"*

Für mich war der Besuch sehr beklemmend. Das Ein-Raum-Haus war mit Blechverschlägen gesichert, es war ein kleines Areal mit vielleicht zehn solcher Häuser. Im Raum waren nur ein Bett, in dem Betty und ihre Mutter schliefen, und ein kleiner Schrank an einer Wand. Es gab genau zwei Holzschemel zum Sitzen. Alles, was die beiden besaßen, hing unter der Decke. Es war wirklich nicht viel. Aber wir spürten sofort die Herzenswärme, die uns in ihrem bescheidenen Heim begrüßte.

Schnell kamen wir ins Gespräch und Bettys Mutter erzählte uns ihre Geschichte: *„Betty sollte eigentlich nicht geboren werden. Die Ärzte* *sagten, das Risiko für mich und für sie sei zu groß. Aber ich hatte die Gewissheit, dass sie ein ganz besonderes Mädchen sein würde und dass Gott möchte, dass sie lebt. Und so habe ich mich gegen den Rat der Ärzte entschieden und Gott ein Versprechen gegeben: Wenn Betty überlebt und gesund ist, dann soll sie eine besondere Frau werden. Und jetzt, wo sie ein Teenager ist, habe ich die Überzeugung, dass Gott es wahr machen wird."*

Betty konnte durch die regelmäßige finanzielle und emotionale Begleitung durch uns die Schule besuchen und wurde durch die christliche Gemeinde in ihren Begabungen gefördert. Bettys Mutter hatte die Schule nur bis zur achten Klasse besuchen können und hatte keinen Beruf erlernt. Auf die Frage meiner Frau bei unserem Besuch, welchen Herzenswunsch sie habe, sagte sie spontan: *„Ich möchte eine Abendschule besuchen und zwei Schuljahre nachholen. Und ich möchte nähen lernen!"*

Durch ein finanzielles Familiengeschenk hat meine Frau es Bettys Mutter ermöglicht, eine Ausbildung zur Näherin zu machen und wieder zur Schule zu gehen. Als ich Betty ein Jahr später wieder besuchte, hatte sich viel geändert. Die Familie war umgezogen. Sie wohnten in einer etwas besseren Gegend und hatten ihre sechs Quadratmeter nun verdoppelt. Der große Raum wurde durch einen dünnen Vorhang in zwei Räume aufgeteilt. Durch das kleine Einkommen der Mutter durch Sticken und Näharbeiten war es möglich geworden, hierher umzuziehen. Stolz breitete Bettys Mutter verschiedene Stoffe, Stickereien und selbst genähte Jacken und Hosen auf dem großen Bett aus. Ich war sehr beeindruckt. Wow. Das hatte sie in dieser kurzen Zeit bereits gelernt und ‚produziert'.

Einige Jahre später hatten meine Frau und ich die große Freude, Betty und ihre Mutter noch einmal während einer Reise zu treffen. Die Geschichte, die sie zu erzählen hatten, war so unglaublich schön, dass ich sie gerne an dieser Stelle anfüge:

Betty, damals achtzehn Jahre alt, erzählte uns, dass sie bald die Schule beenden wird und dann studieren möchte. Finanziert unter anderem durch das Gehalt ihrer Mutter. Meine erstaunte Frage, wie das denn gehen soll, beantwortete die Mutter mit dem Hinweis, sie habe jetzt eine feste Anstellung bei der Stadtverwaltung von Addis Abeba und nähe Kleidung für Waisenkinder. Durch das Einkommen wäre es möglich geworden, dass sie noch einmal umziehen konnten und jetzt in einer Wohnung mit zwei richtigen Zimmern wohnen. Betty wollte Soziale Arbeit studieren. Stolz erzählte sie, dass sie auch in ihrer Gemeinde aktiv sei. Sie leitete mehrere Teenagergruppen.

Doch die Geschichte war immer noch nicht zu Ende. Drei Jahre nach meinem letzten Besuch in Äthiopien erhielt ich auf einmal eine E-Mail mit sehr vielen Fotos im Anhang. War das wirklich Betty? Die Fotos zeigten eine gestandene junge Frau in einem Talar mit einem Doktorhut auf dem Kopf. Ihre Augen versprühten das pure Glück. Betty schrieb, dass sie ihren Bachelor abgeschlossen habe. Sie wolle nun nach einer Aufgabe bei einer NGO Ausschau halten. *„Ich will das zurückgeben, was ich bekommen habe!"*

Ein Teil ihrer Geschichte zu sein, hat mich sprachlos gemacht. Nicht immer verlaufen die Lebensgeschichten so wie bei Betty. Für uns als Familie und für mich persönlich ist es ein besonderes Erlebnis, diese Fotos anzusehen. Zeigen sie doch, dass Gott den Weg von Bethlehem alias Betty seit ihrer Geburt begleitet, sie nie aus dem Blick verloren hat – und die Bitte und das Versprechen ihrer Mutter sehr ernst genommen hat.

Es ist möglich, Menschen aus Armut zu befreien. Auf eine sehr persönliche Art, die aber direkten Einfluss auf viele hat. Die Gemeinde in Addis Abeba hat übrigens nicht nur auf die Hilfe von außen gesetzt, sondern die Gemeindemitglieder, die selbst auch nicht gerade viel haben, geben von dem wenigen, was sie haben, auch noch ab und so kümmern sich dort in Addis Abeba die Armen um die ganz Armen – und alle werden gesegnet.

13.

Tony: Vom Schuhputzer zum Direktor

Wir finden sie am Flughafen JFK in New York und im Untergeschoss des Rockefeller Centers. Sie bieten ihre Dienste in hohen Bürohäusern an und manchmal auch auf Marktplätzen. Und manche haben ihre Arbeit zu ihrer Passion erkoren und daraus eine Kunstform gemacht. Sie strahlen mindestens so wie die Schuhe, denen sie mit ihrer Kunst zu Hochglanz verholfen haben.

Während Schuhputzer bis in die 1920er- und 1930er-Jahre auch in Mitteleuropa weit verbreitet waren, sieht man sie heute eher auf Messen und anderen Events. Der Europäische Verband der Schuhputzer (European Shoe Shine Association) schätzt die Anzahl von Schuhputzern, die auf hohem Niveau ihrer Arbeit nachgehen, auf nur 80 bis 120 Personen in der EU.

Das ist die eine Seite – unsere Seite. Schuheputzen als Luxus. In den ärmsten Ländern der Welt gehört diese Tätigkeit auch heute noch zum normalen Alltag und wird vor allem von Kindern aus ärmsten Verhältnissen angeboten. Einer dieser armen Schuhputzer war Tony Beltran aus der Dominikanischen Republik. Schon im Alter von sieben Jahren hockte er jeden Tag an der Straßenecke seines Armenviertels, um Menschen zu fragen, ob er sich vor sie niederknien darf, um ihre Schuhe zu putzen. Eine im doppelten Sinn erniedrigende Tätigkeit, die oft nur diejenigen verrichteten, die gar nichts mehr hatten.

Tony wuchs in Armut auf – aber es war ihm nicht bewusst. Einmal mehr trifft die Erkenntnis zu, dass das Leben nicht so ist, wie es wirklich ist, sondern so, wie man es sieht. Und wenn man von Armut umringt ist, wenn alle arm sind, wie soll ein Kind dann ahnen, dass das gar nicht das wahre Leben ist?

Das erste Mal wurde er mit der Wahrheit über seine Situation konfrontiert, als er eines Tages nach Hause ging, weil er Geld brauchte, um einen Stift zu kaufen. Als er in die Küche kam, fand er seine Mutter kniend und betend: *„Herr, wir haben nichts zu essen. Wir haben nichts außer dir, oh Herr"*, betete sie.

An diesem Tag erkannte Tony, dass seine Familie arm war. Alles ergab auf einmal einen Sinn. Er verstand, warum seine Familie kein fließendes Wasser hatte. Warum er nicht jedes Jahr einen neuen Rucksack für die Schule bekam. Warum es manchmal nicht genug zu essen gab. Und an diesem Tag begannen sich die Lügen der Armut in seine Gedanken einzuschleichen und immer mehr Raum zu erobern. Er erinnerte sich an die vielen Situationen, in denen die Mutter den Kindern etwas zu essen auf den Tisch gestellt hatte und dann den Raum verließ. *„Warum isst du nicht mit uns?"* Diese Frage war von ihr meistens mit einer Notlüge beantwortet worden. *„Ich habe keinen Hunger"* oder: *„Esst mal allein, mir geht es gerade nicht so gut."* Eigentlich wäre die korrekte Antwort gewesen: *„Kinder, wir sind so arm, dass es nicht genug zu essen für uns alle gibt. Deshalb verzichte ich mal wieder auf das Essen."*

Die Armut sagt zu Tony: *„Du bist wertlos."* Sie sagt ihm: *„Gott kümmert sich nicht um dich."* Und sie fragt Tony: *„Ist die Armut, in der deine Familie lebt, nicht sogar deine eigene Schuld?"*

„Die Armut versuchte, mich Theologie zu lehren – sie sagte mir, dass Gott zwar die Macht habe, meine Situation zu ändern, dass er sich aber nicht genug für mich interessierte, um etwas zu ändern", sagt Tony. Ein verheerendes Fazit eines kleinen Jungen, der durch seine Eltern von Gott erfuhr, ihn aber im alltäglichen Leben einfach nicht erlebte. Meinte er jedenfalls. Aber die Wahrheit sah anders aus.

Im Alter von sieben Jahren begann Tony zu arbeiten, um für seine Familie sorgen zu können. Er lief in seiner Nachbarschaft herum und putzte den Leuten die Schuhe. Dann begann er Dinge wie Maisbrot, Süßigkeiten, Popcorn auf der Straße zu verkaufen. Während andere Kinder spielten, arbeitete Tony hart, um Geld für seine Familie zu verdienen. Das Leben schien hoffnungslos.

Trotz der Dunkelheit, die Tony erlebte, und der Lügen, die ihn umgaben, sah er eines Tages Licht in seiner verzweifelten Situation. Er wurde von Mitarbeitern der Kirchengemeinde in seinem Viertel an der Straßenecke entdeckt und ins Förderprogramm eingeladen. Die Dinge begannen, eine positive Wendung zu nehmen.

„Immer samstags besuchte ich die Kirchengemeinde und durfte mit vielen anderen Kindern am Programm teilnehmen", erinnert sich Tony. *„Es gab Spiele, die ich spielen konnte. Ich fand dort Freunde. Und ich liebte die Freitage – denn freitags gab es dort für uns immer Brathähnchen."*

Durch das Programm baute Tony Beziehungen zu Menschen auf, die gegen die Lügen der Armut die Wahrheit setzten – die ihn bestärkten und ihm Hoffnung für die Zukunft gaben. Dazu gehörten auch seine Paten.

In den ersten sieben Jahren, in denen Tony am Programm teilnahm, bekam er nie einen Brief von ihnen. Aber als er vierzehn Jahre alt war, übernahm eine neue Familie die Patenschaft für ihn. Sie waren sehr engagiert, schrieben ihm ermutigende Briefe und investierten viel in sein Leben.

Und sie stellten ihm eine Frage, die sein Leben verändern sollte: *„Wie dienst du dem Kinderzentrum? Was tust du für die anderen Kinder?"* Zu dieser Zeit nahm Tony regelmäßig am Programm des Kinderzentrums teil, hatte dort aber keine konkreten Aufgaben. Die Frage seiner Paten motivierte ihn, die Leiterin des Kinderzentrums zu fragen, wie er helfen könnte. Sie wusste, dass Tony gut mit Computern umgehen konnte, also bat sie ihn, anderen Kindern beizubringen, wie man einen Computer benutzt. Und Tony tat es.

Als Tony seinen Paten davon erzählte, dass er andere Kinder im Zentrum unterrichtete, schrieben sie zurück: *„Tony, wir sind so stolz auf dich. Es ist toll, dass du in deinem Alter bereits anderen den Umgang mit dem Computer beibringst."*

Diese Art der Ermutigung hatte Tony so lange in seinem Leben gefehlt. Er begann, sich immer mehr im Kinderzentrum zu engagieren. Dadurch wurde die Verbindung zu den Menschen gestärkt, die die

Wahrheit in sein Leben brachten. Wie die Leiterin seines Kinderzentrums, die ihm weitere Gelegenheiten gab, sich einzubringen. Und sein Pastor, der ihn eines Tages einlud, bei der Gründung einer Gemeinde in einem anderen Stadtviertel zu helfen.

„Inmitten der niederschmetternden Stimmen der Armut schickte Gott mir viele Menschen, die eine andere Botschaft für mich hatten", sagte Tony. Als er älter wurde, sagte ihm seine Mutter, dass sie wollte, dass er auf die Hochschule ging. Zuerst lachte er. Wie sollte das möglich sein? Er war der Einzige in seiner Familie, der arbeitete: *„Wenn ich nicht arbeitete, aß meine Familie nicht"*, sagt Tony. *„Aber Gott öffnete die Tür und so bekam ich die Gelegenheit."*

Tony konnte die Hochschule besuchen und einen Abschluss in System- und Anlagentechnik erwerben. *„Als ich sieben Jahre alt war, putzte ich Schuhe auf der Straße. Als ich vierzehn war, reparierte und montierte ich Computer. Und als ich dreiundzwanzig war, war ich bereits IT-Manager für eine Gruppe von Unternehmen im Osten der Dominikanischen Republik"*, sagt Tony. *„Warum? Weil jemand beschloss, mich zu fördern und in mein Leben zu investieren. Weil jemand beschloss, selbst Opfer zu bringen, um mir Chancen zu geben."*

Aber das war noch nicht alles. Später konnte Tony noch einen Master-Abschluss in Theologie erwerben. Er heiratete eine junge Frau, die ebenfalls aus ärmsten Verhältnissen kam und schließlich Ärztin wurde. Sie sprach mehrere Sprachen fließend und hatte je einen Master in Biochemie und in Krankenhausmanagement. Heute arbeitet Tony als Landesdirektor von Compassion für die Dominikanische Republik. Jetzt ist er derjenige, der Hoffnung in das Leben von Kindern und Jugendlichen in Armut bringt.

„Ich glaube, Gott hat viele Menschen um mich gestellt, um mich zu ermutigen und die Lügen der Armut zu bekämpfen", sagt Tony. *„Ich höre manchmal immer noch die niederschmetternden Stimmen der Armut. Aber in all diesen Jahren habe ich Gott durch verschiedene Menschen erfahren, die in mein Leben investiert haben. Ich lasse mich nicht mehr von der Armut einschüchtern."*

Mit der Unterstützung seiner Familie, seiner Paten und der Mitarbeiter in der Kirche und durch sein Vertrauen auf Gott war es Tony möglich, dem Kreislauf der Armut zu entkommen.

Ich bin ihm vor einigen Jahren in der Dominikanischen Republik begegnet. Selten habe ich mit einem Menschen so schnell Freundschaft geschlossen. Selten habe ich bei einem Besuch in einem der ärmsten Länder der Erde so viel gelacht. Tony ist ein positiver Typ, den Menschen sehr zugewandt, nicht nur freundlich, sondern herzlich. Vom Schuhputzer zum Direktor, was für eine Laufbahn!

Wenn mein Leben durch Tiefen geht, dann sind es Menschen wie Tony Beltran, an deren Beispiel ich erkenne: Gott hat mich nicht vergessen. Es gibt Hoffnung – auch für mich!

14.
Kemi: Der Jesus-Rapper

„Wenn wir nicht wissen, wo wir waren, ist es egal, wohin wir gehen, denn nur wenn wir unsere Vergangenheit verstehen, finden wir den Kompass für unsere Zukunft.“ Dieses Zitat des äthiopischen Rappers Kemi beschreibt sehr gut, dass unser Leben immer von der Vergangenheit beeinflusst wird. Je besser wir sie verstehen, desto besser können wir entscheiden, ob wir sie einfach nur fortschreiben wollen oder ob wir etwas ändern.

Zu unserer Vergangenheit gehören auch Menschen, die uns begleitet haben. Für Kemi gibt es eine Person, die sein Leben maßgeblich beeinflusst: seine Mutter. Vor vielen Jahren hat mich mitten im Kalten Krieg zwischen Ost und West ein Lied von Sting ins Nachdenken gebracht. Das Stück heißt „Russians“ und im Text singt er: „The Russians love their children too.“ Damit wollte der englische Popsänger darauf aufmerksam machen, dass die Liebe zu den Kindern weitaus größer ist als jegliche politische Idee.

Ich habe Kemi mehrmals getroffen. Einmal haben wir gemeinsam eine mehrtägige Reise unternommen und haben uns die Felsenkirchen in Lalibela ausgiebig angeschaut. Viel Zeit zum Reden. Wir haben miteinander gelacht und viel Spaß unterwegs gehabt, aber es gab auch einige Momente, da wurde es sehr ernst. Das waren die Momente, in denen Kemi über seine Mutter sprach.

Aufgewachsen ist Kemi in extremer Armut in einem Slum namens Gotara in Äthiopien, aufgezogen von einer alleinerziehenden Mutter. Das Leben war ein täglicher Kampf. Seine Geschichte zeigt, wie groß die Liebe einer Mutter zu ihrem Sohn sein kann und welchen Einfluss das auf das gesamte Leben hat.

Mütter. Ihre Liebe kann grenzenlos sein und oft sind sie es, die in schwierigen Situationen eine unerschütterliche Stärke zeigen. Von den zärtlichen Momenten der Pflege und Fürsorge bis hin zur kämpferischen Entschlossenheit, für ihre Kinder zu sorgen, sind viele Mütter lebende Beweise für Widerstandsfähigkeit, Durchhaltevermögen und Kampfgeist.

Gerade im Angesicht von extremer Armut leuchtet die Liebe einer Mutter wie ein Leuchtfeuer der Hoffnung. Trotz der Herausforderungen der finanziellen Not bleibt die Liebe einer Mutter unerschütterlich. Wenn Kemi von seiner Mutter erzählt, dann ist er sehr engagiert. *„Meine Mutter war alles für mich. Sie hat auf vieles verzichtet, um mich am Leben zu halten. Sie hat immer Opfer gebracht, wenn es darum ging, dass ich es einmal besser haben sollte als sie selbst. Für mich ist meine Mutter eine Heldin!“*

Kemi wollte vor allem als Jugendlicher seine Mutter stolz machen. Auch heute noch, lange nach ihrem Tod, spielt sie eine große Rolle in seinem Leben. Denn er wird nie vergessen, was sie für ihn getan hat und was er ihr zu verdanken hat.

Seine Mutter hatte eine harte Lebensgeschichte: Im zarten Alter von nur acht Jahren traf sie die Entscheidung, ihre Familie zurückzulassen und auf eigene Faust in der pulsierenden Großstadt Addis Abeba nach einem besseren Leben zu suchen. Keine gute Entscheidung, denn ihr ohnehin schon sehr kompliziertes Leben sollte noch komplizierter werden.

Bereits als Jugendliche wurde sie schwanger und brachte ihren Sohn zur Welt. Zunächst war der Vater des Jungen noch bei ihr, aber als Kemi zwei Jahre alt war, ging er einfach weg. Väter verlassen ihre Familien meistens nachts, sie schleichen sich aus dem Haus und werden nie wieder auftauchen. Und so machte es auch Kemis Vater. *„Immer, wenn ich später an meinen Vater dachte, hatte ich dieses verheerende Gefühl von Wut, Leere und von Verlassensein. Er hinterließ meiner Mutter und mir eine Spur von gebrochenen Versprechungen und zerstörten Träumen. Dass ich ohne Vater aufwachsen musste, riss mir ein Loch in mein Herz. Noch heute spüre ich die Leere, die ich nur schwer beschreiben kann.“*

Kemi erzählte mir später, dass ihn das Gefühl des Verlassenseins viele Jahre seines Lebens in eine Art Trauma gestürzt hat, das nur schwer zu ertragen war. *„Der Schmerz über die Abwesenheit meines Vaters war in unserem Haus ständig präsent. Das hinterließ viele Narben in meiner Seele."*

Kemi wuchs in einem Umfeld voller Ungewissheiten und Unwägbarkeiten auf. Die Umgebung, in der er mit seiner Mutter lebte, barg viele Gefahren. Immer wieder kam es zu handgreiflichen Streitigkeiten mit den Nachbarn. Trotz des Schmerzes und der Herausforderungen blieb Kemis Mutter stark, *„ein Leuchtfeuer der Unverwüstlichkeit im Angesicht der Widrigkeiten"*, wie Kemi rückblickend sagt. *„Nachdem mein Vater uns verlassen hatte, waren unsere Tage von Mangel und Kampf geprägt. Es gab zahllose Momente, in denen sich drei Mahlzeiten am Tag wie ein entfernter Luxus anfühlten und unsere Mägen protestierend knurrten, während wir jede einzelne Ressource ausschöpften, um über die Runden zu kommen. Unser Haus, das mehr eine Notunterkunft als eine Behausung war, erinnerte uns deutlich an unsere prekäre Existenz, und seine Wände zeugten von unserer gemeinsamen Not. Doch inmitten der Entbehrungen und der Verzweiflung gab es ein Fünkchen Hoffnung, das in der unerschütterlichen Entschlossenheit meiner Mutter zu sehen war."*

Und dass, obwohl ihre Situation noch schlimmer werden sollte. Als kleiner Junge versuchte Kemi einmal, in ihrer Hütte ein Holzkohlefeuer zu machen, um für die Mutter zu kochen. Dabei brannte das halbe Haus ab. Kemi wartete vor der heißen Asche, bis seine Mutter nach Hause kam. *„In dem Moment war mir klar, dass sich durch meine Dummheit unser Leben unwiderruflich verändert hatte und wir gar nichts mehr hatten. Aber meine Mutter entwickelte eine unerschütterliche Entschlossenheit. Ihre unnachgiebige Liebe zu mir hat mir die Hoffnung gegeben, dass irgendwie doch noch alles irgendwann gut werden konnte."*

Kemis Mutter versuchte, sich und ihren Sohn am eigenen Schopf aus dem Sumpf zu ziehen. Sie selbst hatte es nur bis zur vierten Klasse in der Schule geschafft. Sie hatte keine Ausbildung und keine regelmäßige Arbeit. Die Grundbedürfnisse des Lebens zu stillen, war eine tägliche Herausforderung. Als seine Mutter ihn im Alter von fünf Jahren bei einer Kirche für das besondere Förderprogramm anmeldete, änderte sich alles. *„Plötzlich fingen die Türen an, sich zu öffnen. Ich konnte zur Schule gehen, bekam regelmäßige Mahlzeiten und sogar Kleidung und Schuhe. Das war ein Wendepunkt, sowohl für mich als auch für meine Mutter."*

Kemi entwickelte sich gut, machte in der Schule gute Fortschritte, angetrieben von dem Wunsch, seine Mutter stolz zu machen und ihr ihre Opfer zurückzuzahlen. Doch mit 16 Jahren ereignete sich eine Tragödie. Als er eines Tages von der Schule nach Hause kam, fand er seine Mutter stumm und regungslos in ihrem Bett liegend. Trotz seiner Bemühungen starb sie und ließ Kemi völlig allein zurück. Dieser Verlust stürzte den Jugendlichen in tiefe Depressionen. *„Ich saß oft völlig apathisch in der leeren Wohnung und fühlte mich, als hätte jemand einen Dolch in mein Herz getrieben. Ich fühlte mich nun vollends alleingelassen. Ich konnte mir gar nicht vorstellen, wie ich die Kraft aufbringen sollte, das Leben nun allein zu bewältigen und wirklich komplett allein für mich verantwortlich zu sein."*

Abgesehen von ein paar Freunden, die sich in dieser Zeit besonders um ihn kümmerten, musste Kemi nun tatsächlich selbst für sein Leben sorgen. Doch er erlebte, wie Freunde zu Säulen im Leben werden können, wie sie eine Quelle der Hoffnung gerade in den dunklen Momenten des Lebens sein können. Irgendwann sagte er sich: *„Ich mag mich von der Welt um mich herum verlassen, missbraucht, vernachlässigt und ausgeweidet fühlen, aber: Ich war nicht allein. Ich hatte Freunde, die mir beistanden und mir in meinen dunkelsten Momenten eine Rettungsleine boten."*

Auch die Zeiten in der Kirche und im Förderprogramm gaben Kemi immer wieder die Kraft, durchzuhalten. Hier fand er Ansprechpartner, die mit Rat, Gebet und viel Ermutigung positive Akzente in sein Leben brachten. Trotz aller Herausforderungen schaffte er den College-Abschluss.

Später entwickelte er seine Liebe zur Musik und nahm ein erstes Rap-Album auf. Ein neues Kapitel wurde aufgeschlagen, das heute noch lange nicht zu Ende ist. Kemi ist der erste Gospel-Rap-Künstler in Äthiopien. Seine Musik hat ihn zu Konzerten in Schweden, den Niederlanden, Italien und der Schweiz geführt. Inzwischen hat er mehrere eigene CDs veröffentlicht.

Die Musik brachte ihn ins Fernsehen und legte den Grundstein für ein weiteres Betätigungsfeld, denn er bekam eine Anfrage, ob er Moderator der TV-Sendung „The Couples" werden möchte. Die Sendung wird auf dem kompletten Kontinent ausgestrahlt und ist von Kapstadt bis Kairo zu sehen. Beiträge über Gott und die Welt, über einen starken Glauben, der hilft, auch große Hindernisse zu überwinden, wurden inzwischen von vielen Millionen Zuschauern gesehen. Für Kemi ist es ein Privileg, dass er die Auswirkungen dieses Programms sehen kann. Die Reaktionen der Zuschauer sind überwältigend.

Das dritte Standbein ist ein Radioprogramm. *„Auch hier kann ich von Gottes Liebe erzählen und wie er das Leben von Menschen in seine Hand nimmt. In einer Welt voller Lärm und Chaos ist unser Radioprogramm so etwas wie ein Zufluchtsort, ein Raum, in dem die Hörer Trost und Inspiration finden können. Jeder Tag auf dem Äther ist eine neue Gelegenheit, etwas zu bewirken, Herzen zu berühren und ein Teil der Veränderungen im Leben von Menschen zu sein. Wenn ich auf meine eigene Geschichte schaue, dann kann ich Gott nur danken, dass ich rappen darf, eine TV-Show habe und dieses Radioprogramm moderieren darf. Es ist ein Geschenk."*

EFOY heißt das Radioprogramm. Das bedeutet übersetzt „ich atme". Der kleine Junge, dem die Lebensumstände so oft den Atem nehmen wollten, der erlebt hat, wie Armut versuchte, ihm die Luft abzudrücken, der moderiert heute ein Radioprogramm, das Menschen frische Luft zum Atmen bringt.

Kemi ist heute verheiratet und selbst Vater von drei Kindern. Wenn er zurückschaut, kann er selbst nur staunen: *„Mein Weg von* *der Armut zum Erfolg ist ein Zeugnis für die Kraft des Glaubens. Ohne Organisationen wie Compassion Äthiopien und die Unterstützung von liebevollen Menschen wäre ich nicht die Person, die ich heute bin. Durch Prüfungen und Erfolge hat Gott meine Geschichte geformt, und ich bin dankbar für jeden Schritt auf diesem Weg."*

15.
Pedro: Verbrannt, doch nicht zerstört

Manche der Geschichten, die ich zu hören bekomme, möchte ich nicht glauben. Das Böse im Menschen kommt in manchen Situationen völlig unvermittelt zum Vorschein und die Fratze der Grausamkeit zeigt sich besonders dann, wenn Bekannte sich nicht als Freunde, sondern als Feinde erweisen. Eine solche Geschichte ist die von Pedro, dessen Namen ich geändert habe, um seine Persönlichkeitsrechte zu schützen.

Pedros Geschichte ist so schrecklich, dass ich bei guten Freunden erst mal nachfragen musste, ob ich sie überhaupt in diesem Buch erzählen darf. Aber Pedros Geschichte ist auch so schön, weil Gott etwas Besonderes daraus gemacht hat. Aber ich möchte Sie vorwarnen: Sie ist nichts für zarte Gemüter:

Es war ein Sonntag wie viele andere Sonntage zuvor in der Provinz Esmeraldas in Ecuador. Das heiße Klima, der hohe Anteil an afro-ecuadorianischer Bevölkerung und die besondere Vegetation in der Stadt sorgen für ein besonderes karibisches Flair. Die Provinz Esmeraldas gilt seit vielen Jahrzehnten als eine der gefährlichsten und dreckigsten Regionen Ecuadors. Da ist es gut, wenn man nicht allein ist. Doch solche Bekannte, wie Pedro sie zu dieser Zeit hatte, will keiner von uns haben.

Wie an vielen Sonntagen zuvor ging Pedro auch an diesem Sonntag in die Kirche. Er sang christliche Lieder, hörte eine Geschichte aus der Bibel und machte sich nach dem Gottesdienst auf den Weg nach Hause. Es war 14.00 Uhr, als er kurz vor seinem Zuhause auf eine Gruppe Jugendlicher traf, die ihm gut bekannt waren. Sie waren aus seiner Nachbarschaft. Tausendmal hatte er sie gesehen, mit ihnen gesprochen, war ihnen manchmal auch aus dem Weg gegangen, wenn sie nicht gut drauf waren. Aber an diesem Sonntag waren sie nicht nur nicht gut drauf, sondern sie waren im wahrsten Sinne des Wortes vom Teufel geritten.

Aus heiterem Himmel umzingelten sie Pedro, der gar nicht wusste, wie ihm geschah. Sie wollten ihn nicht zusammenschlagen, nein, ihr Plan war dämonischer. Sie fesselten Pedro, übergossen ihn mit Benzin und zündeten ihn an!

Nach ein paar hässlichen Sprüchen liefen sie weg und ließen den brennenden Jungen an Händen gefesselt einfach auf der Straße stehen. Pedro rannte, er rannte um sein Leben. Er rannte zum nahen Flussufer und stürzte sich in das dreckige Wasser. Es zischte und die Flammen erloschen, aber sein Körper war nahezu verbrannt. Der Kampf um sein Leben hatte jetzt gerade erst begonnen!

Panik brach unter den Nachbarn aus, die Eltern wurden gerufen, ein Krankenwagen musste her. Im Eiltempo wurde er ins nächste Krankenhaus gebracht. Dort waren sie nicht auf eine solche Situation eingestellt und konnten dem Jungen nicht helfen. Zurück in den Krankenwagen und ab ins nächste Krankenhaus. Auch hier konnte dem Jungen nicht geholfen werden. Inzwischen rang er mit dem Tod, seine Organe begannen zu versagen. 65 Prozent seiner Haut war verbrannt. Eigentlich das Todesurteil für einen so kleinen und jungen Körper. Schließlich war ein Krankenhaus bereit, die Notversorgung zu übernehmen. Ein Organ nach dem anderen versagte, Pedro brauchte eine Dialyse. Gleichzeitig erfolgte ein Notruf in die internationale Gemeinschaft von Compassion. Schnell wurde klar, dass ein sehr großer Geldbetrag nötig war, um die Krankenhauskosten zu tragen. Das kleinere Problem, denn zunächst musste ein Krankenhaus gefunden werden, das sich zutraute, die Versorgung zu übernehmen.

Das nationale Fernsehen berichtete über den brutalen Überfall und die Nachricht verbreitete sich bis in Regierungskreise. Die Situation von Pedro verschlechterte sich stündlich. Die Menschen, die von diesem Überfall erfuhren, waren zutiefst geschockt. Zu ihnen gehörte auch der damalige Präsident Ecuadors. Er stellte sofort seine Regierungsmaschine zur Verfügung, um den Jungen in die USA zu fliegen. Eine Spezialklinik in Boston hatte signalisiert, dass sie Pedro behandeln würden. Dort gab es eine Abteilung für Verbrennungsopfer und sie wollten versuchen, sein Leben zu retten.

Selbst mit dem neuesten Stand der Technik kamen die Ärzte an ihre Grenzen. Denn neben der Erstversorgung ging es von Beginn an darum, wie die Verbrennungen mittelfristig geheilt werden konnten. Hauttransplantationen wurden notwendig. Die Kosten schossen innerhalb weniger Tage auf mehrere Hunderttausend US-Dollar hoch.

Das internationale Gebetsnetzwerk der Partnerländer von Compassion International betete beständig um das Leben des Jungen. Und das Wunder geschah. Von Tag zu Tag konnte ein kleiner Fortschritt festgestellt werden. Sein Zustand besserte sich langsam, aber beständig. Es sollte drei Monate dauern, bis Pedro sich im Bett aufsetzen und selbstständig essen konnte. Auch konnte die Dialyse abgesetzt werden. Jede Woche stand eine andere OP an und sein Körper begann, langsam zu heilen.

Doch während der Körper sich langsam, aber sicher erholte, blieb die Seele verletzt. Der Hass versuchte, Besitz von dem Jungen zu nehmen und sich in seinem Herzen einzunisten. Warum war ihm so etwas angetan worden? Was hatte er denn getan, dass er so grausam verletzt worden war? Mehr als einmal wünschte Pedro seine Peiniger dorthin, wo er gerade selbst durchging: in die Hölle.

Solche unvorstellbaren Situationen im Leben sind sehr schwer zu verstehen. Als ich kurz nach dem Überfall davon erfuhr, saß der Schock tief. Der Junge kam vom Gottesdienst und wurde auf dem Weg nach Hause überfallen! Und wo war Gott? Bekannte aus der Nachbarschaft hatten ihn hinterrücks überfallen, ihn angezündet! Und wo war Gott? Der Teufel schien Macht über sie bekommen zu haben, denn kein normal denkender Mensch käme jemals auf die Ideen, eine solch grausame Tat an einem kleinen Jungen, einem Kind, zu begehen! Und wo war Gott?

Erst sehr viel später wurde mir klar, wo Gott war. Er war in der Liebe der Eltern. Er war in den Tausenden Menschen weltweit, die sich zusammenschlossen, um gemeinsam für den Jungen zu beten und um das Leben des Jungen zu kämpfen. Er war im Herzen eines Präsidenten, der seinen Flieger zur Verfügung stellte. Er war in den Händen vieler Menschen, die über eine halbe Million US-Dollar spendeten, um die Arzt- und Krankenhauskosten zu bezahlen. Er war in der liebenden Fürsorge der Mitarbeiterinnen und Mitarbeiter des Kinderzentrums, zu dem Pedro wöchentlich ging. Er war mit den Ärzten und Krankenschwestern und Pflegern in der Klinik in Boston. Er war mit den Menschen, die Blutkonserven bereitgestellt hatten, damit der Junge überleben konnte. Da war Gott!

Neben der medizinischen Hilfe war auch eine psychologische Betreuung nötig. Denn in Pedros Herz breiteten sich die Schatten des Hasses immer mehr aus. Auch die Familie hatte zu kämpfen. Es gleicht einem unvorstellbaren Wunder, dass Pedros Schwester einige Monate nach der Tat, während Pedro noch in Boston behandelt werden musste, folgende Bitte äußerte: *„Betet dafür, dass unsere Familie den Tätern vergeben kann!“*

Sechs Monate nach der Tat konnte der Junge die Intensivstation verlassen. Doch die Aussichten waren nicht besonders gut. In den folgenden zehn Jahren musste er immer wieder Hauttransplantationen über sich ergehen lassen, denn transplantierte Haut wächst nicht mit. Es erforderte ohnehin schon übermenschliche Kräfte, sich an die einfachsten Funktionen eines Körpers neu zu gewöhnen und sie zu trainieren. Wie setzt man sich auf einen Stuhl, wenn alles wehtut und die Haut spannt? Monatelang war er nicht fähig, sich überhaupt irgendwie zu bewegen. Jetzt musste alles wieder neu gelernt werden – sitzen, stehen, gehen.

Viele Menschen weltweit beteten für die weitere Genesung, aber auch für die Familie. Im September 2017 gelang es der Polizei endlich, die Bande festzunehmen, die diese grausame Tat verübt hatte. Es waren Jugendliche, die dieses Verbrechen begangen hatten. Während sie vor Gericht standen, bat Pedros Schwester erneut darum, mit der Familie dafür zu beten, dass sie den Tätern vergeben können. Das sind Gebete, die angesichts der Grausamkeit der Tat wirklich schwer über die Lippen kommen.

Während das Gericht verhandelte, kämpfte Pedro mit seiner inneren Zerrissenheit. Sollte er etwa auch vergeben? Er schaffte es nicht. Auch nicht, als er nach mehreren Monaten dann endlich zur weiteren Behandlung wieder in seine Heimatstadt verlegt werden konnte.

Die nächsten Jahre verliefen gut. Sein Körper erholte sich immer mehr. Pedro war glücklich, mit seiner Familie 2017 in Esmeraldas Weihnachten feiern zu können. Ein Fest, das er nie mehr vergessen wird.

Die nächsten Jahre wurden körperlich hart. Aber neben der körperlichen Heilung schritt auch die innerliche Heilung ganz langsam weiter fort. Es war ein sehr langer Weg. Einer der Begleiter auf diesem Weg war mein Freund Silvio aus Italien. Mehrmals besuchte er Pedro und brachte ihm eines Tages ein besonderes Geschenk mit: ein Trikot der brasilianischen Fußballnationalmannschaft mit den Originalunterschriften der aktuellen Spieler. Das Foto von Silvio und Pedro bewegt mich noch heute, wenn ich darüber nachdenke, wie der Junge in dem Trikot strahlt.

Bei einer der Begegnungen traute Silvio sich, eine Frage zu stellen, die sehr viel Vorsicht und Einfühlsamkeit erforderte. Es war die Frage nach der Vergebung. Pedro brauchte einen langen Moment, um diese Frage klar zu beantworten. „*Vergebung für die Täter? Nein, das ist zu viel verlangt. Das werde ich nie schaffen.*"

Pedro hat während der gesamten Zeit mit Gott gerungen. Er hat gehofft, gelitten, Schmerzen ausgehalten, immer wieder mit sich und seinen Gefühlen gekämpft, aber Vergebung war zum damaligen Zeitpunkt einfach zu viel verlangt. Dabei sollte es aber nicht bleiben, denn die Gemeindeleiter seiner Kirche baten Silvio, einfach geduldig zu sein. „*Gott ist bei der Arbeit! Der Tag wird kommen, wo Pedro vergeben kann*", sagten sie.

Und der Tag kam. Im Jahr 2023 gab es ein Ereignis in Pedros Leben, das alles verändern sollte. Der inzwischen junge Erwachsene bat darum, im Gottesdienst seiner Gemeinde getauft zu werden. Silvio hat mir ein Foto der Taufe gezeigt und ich konnte die Energie spüren, die dieses Erlebnis ausstrahlte. Pedro steht zwischen zwei Gemeindemitgliedern in einem Taufbecken für Erwachsene. Es ist der Moment, in dem er aus dem Wasser wieder auftaucht. Er reckt beide Arme in den Himmel. Sein Gesicht ist energiegeladen. Deutlich zu erkennen ist, dass er etwas schreit. Sein Mund ist weit geöffnet.

Silvio hat mir berichtet, was Pedro in dem Moment geschrien hat, und mir stockte der Atem. Auch jetzt bekomme ich Gänsehaut, während ich das hier gerade schreibe. Als er aus dem Wasser auftauchte, hat Pedro mit fester und lauter Stimme gerufen: *„Ehre sei Gott: Ich vergebe euch!"*

Dieses Bekenntnis markierte den Einstieg in einen Weg der Vergebung. Es war kein leichter Weg, aber Pedro ist ihn gegangen. Heute ist er ein Beispiel für viele Jugendliche, mit denen er über sein Leben spricht. Kirchen laden ihn in ihre Jugendgruppen ein, auch ist er immer wieder in Gemeinden, die mit Compassion zusammenarbeiten. Dort gibt er im Kinderzentrum Unterricht und erzählt seine eigene Geschichte. Die Schmerzen werden immer wieder aufbrechen, denn auch in Zukunft muss immer wieder Haut transplantiert werden. Aber etwas Entscheidendes ist geschehen: die Schmerzen und der Hass sind aus seinem Herzen verschwunden.

16.

Frau H. ist immer schon da

Manchmal fragen mich die Leute, wo ich geboren bin, wo ich eigentlich herkomme und wie es kommt, dass ich ihnen genau in dem Moment begegne, in dem sie mich brauchen. Wenn ihr Leben gerade in eine Schieflage geraten ist, wenn sie sich in einer Notsituation befinden oder wenn sie frustriert sind. Manchmal komme ich auch gerade dann zur Tür herein, wenn alle anderen schon lange gegangen sind.

Manche können erst mal gar nicht mit mir umgehen. Klar, wenn sie doch gar nicht mit mir gerechnet haben. Für andere bin ich wie ein Überraschungsei. Sie erwarten vor allem Schokolade, doch dann gibt's noch ein Upgrade, und Frau H. erscheint. In ihrer angeborenen Sprachlosigkeit haben die Menschen zu allen Zeiten und in allen Ländern Namen für mich gefunden. Haben Sie schon mal „Elpis" gehört? Der Name soll auf eine griechische Göttin zurückgehen. Sie soll so etwas wie die Personifizierung von Frau H. gewesen sein. Das Einzige, was daran stimmt, ist, dass mein Ursprung tatsächlich mit Gott zu tun hat. Die alten Römer sprachen von „expectatio", wenn sie eigentlich mich meinten. Sie erwarteten also etwas von mir.

In allen Religionen spiele ich eine Rolle. Denn die Sehnsucht, dass ich den Menschen helfe, ist groß. Im Buddhismus scheine ich immer irgendwie zu leuchten und ich werde mit dem Nirwana in Verbindung gebracht. Mit Prophezeiungen, die in Erfüllung gehen sollen, verbindet mich das Judentum. Wer im Hinduismus vom Kreislauf der ständigen Wiedergeburt befreit werden möchte, lädt Frau H. ins Leben ein. Selbst unter Atheisten spiele ich eine große Rolle. Ob es beim dreimaligen Klopfen auf den Tisch ist, wenn Freunde sich treffen oder bei anderen Gelegenheiten. Selbst Fußballfans flehen mich

nahezu an, ich möge doch ihren Fan-Schal tragen, damit der Abstieg noch verhindert werden kann.
Wissen Sie, wo ich eigentlich herkomme? Ich war nämlich schon immer da! Frau H. spielte bereits bei der Erschaffung der Welt eine entscheidende Rolle. Vielleicht könnte ich sagen – die Theologen mögen jetzt kurz die Augen schließen: Die ganze Welt wurde auf mir aufgebaut. Ich war da, als das Paradies verloren ging. Ich musste mich etwas ducken, als Kain und Abel mich falsch interpretierten, um bei Gott besser angesehen zu werden. Eine große Rolle spielte ich, als Gott aus mir einen großen bunten Regenbogen formte, um Noah und seiner Familie das zu geben, was sie am meisten brauchten: Hoffnung. Frau H. in allen Farben.
In der ganzen Bibel spiele ich eine große Rolle. Das fing im Paradies an und zieht sich durch bis zur Offenbarung, wo ich in der Erwartung einer besseren Welt und einer vollendeten Ewigkeit mit dabei bin. Der Theologe Gordon MacDonald hat einmal über mich gesagt: „Hoffnung ist die Zuversicht, dass die Geschichte ein Ziel hat und dass Gott die Fäden in der Hand hält."
Die Bibel ist das „Buch der Hoffnung". Das ist nicht verwunderlich, weil Gott ein „Gott der Hoffnung" ist, wie Paulus in seinem Brief an die Römer schreibt. Es gibt so viele Geschichten in der Bibel, in denen ich eine entscheidende Rolle spiele: Abraham und sein fester Glaube, das Volk Israel beim Auszug aus Ägypten, die Joseph-Geschichte, Maria im Neuen Testament und so viel mehr. Das Gesangbuch des Alten Testaments hat ganz viele Strophen, in denen ich erwähnt werde. David formuliert zum Beispiel in Psalm 119,81: „Ich warte sehnsuchtsvoll auf deine Hilfe. Ich setze meine Hoffnung auf dein Wort."
Immer wieder wird auf Zuversicht gebaut. Die Bücher Hiob und Jesaja erzählen von Menschen, die in größter Hoffnungslosigkeit und Not ihre Hoffnung „auf Gott werfen". Ich war dabei, als die wunderschöne Begebenheit mit Ruth und Naomi ihren Lauf nahm. Alles ausweglos, alles ohne irgendeine Perspektive, aber Gott schickte mich

und sie setzten ihr Vertrauen auf Gott. Manchmal ist es auch wie bei Elisa und der armen Witwe. Zu viel zum Sterben und zu wenig zum Leben im Topf, aber dieser kleine Tropfen Öl gibt Hoffnung.
Im Neuen Testament steht eine Person dafür, dass Gott diese Welt nicht vergessen und vor allem nicht aufgegeben hat: Jesus Christus. Der Evangelist Matthäus bezeichnet ihn als „Hoffnung für die ganze Welt" (Matthäus 12,21).
Menschen dürfen sich zu jeder Zeit an Jesus wenden, von ihm können sie Zuwendung, Trost, Mut und immer wieder neue Zuversicht erwarten und bekommen. Frau H. öffnet die Augen und hilft, über den eigenen Horizont hinauszuschauen.
Der südafrikanische Bischof Desmond Tutu hat es einmal so formuliert: „Die Hoffnung ist in der Lage zu sehen, dass es Licht gibt, trotz all der Dunkelheit."

17.
Jennifer: Von der Müllhalde zur Menschenrechtlerin

Meine Güte, der Gestank war kaum auszuhalten. An jeder Straßenecke war eine kleine Müllkippe, auf der Kinder spielten, Ziegen nach irgendetwas Essbarem suchten und alte Männer Ölfässer in Brand setzten. Hier wollte ich nicht in der Dämmerung unterwegs sein.

Die lange Straße, von der die engen Gassen mit kleinen Hütten abgingen, schien so etwas wie die Hauptstraße in diesem Slum zu sein. „Korogocho" bedeutet eigentlich „Abfall" oder „Müll" – und genau den gab es hier im Übermaß.

Unsere kleine Gruppe von Westeuropäern fiel hier nicht nur durch die weiße Hautfarbe sofort auf, sondern auch durch die Kleidung. Sie hatte keine Löcher, sie war nicht verdreckt, sie sah nicht aus, als sei sie schon von Generationen vor uns getragen worden. Vor und hinter uns liefen drei bewaffnete Männer, die ihre Kalaschnikows demonstrativ zur Schau stellten. Keiner sollte auf die verrückte Idee kommen, uns anzugreifen oder uns bestehlen zu wollen. Dass wir überhaupt hier herumspazieren durften, lag an der Kirchengemeinde in diesem „Tal der Hoffnungslosen", die uns eingeladen hatte. Die Menschen hier hatten Respekt für deren Mitarbeiterinnen und Mitarbeiter.

Wir liefen einen verschlungenen Weg durch grünes, hohes Gras und kamen an einen Fluss. „Meine Güte, ist der dreckig", dachte ich und im nächsten Augenblick traute ich meinen Augen kaum. Waren das wirklich Frauen, die da unten am Ufer Wäsche wuschen? Sollte die etwa sauber werden? Dann führte unser Weg uns über eine marode Brücke und schon staunte ich noch einmal. Am rechten Flussufer türmte sich der Müll vor einer Mauer, auf der ein Graffiti zu sehen war. In großen Buchstaben stand dort das Wort: Kanaan! „Na, dann", dachte ich, „willkommen im Gelobten Land!"

Wir kamen an einer Gruppe von kleinen Kindern vorbei, die direkt auf uns zuliefen. Bevor wir richtig verstanden, wo wir gerade hineingeraten waren, war jeder von uns von einer Horde umringt. Einige von ihnen berührten uns, um zu testen, ob wir wirklich echt waren. Andere rieben mit ihren Fingern an meinem Unterarm. Sie wollten testen, ob die Farbe abging. Ich holte meinen Fotoapparat heraus und machte ein paar Fotos. Als ich ihnen die Bilder zeigte, giggelten und gaggelten sie, wollten sie noch einmal sehen und lachten fröhlich. Welche Chance hatten sie in dieser Gegend, die von Kriminalität, Gewalt und Perspektivlosigkeit geprägt war?

Ein solches Kind war auch Jennifer Gitiri gewesen, die Frau aus dem Slum, die heute als Anwältin am Obersten Gericht in Kenia arbeitet. Sie ist Anwältin für Verfassungsrecht und Menschenrechtlerin. Ich habe sie durch meinen Freund, den Massai Ole Ronkei, bei einem Abendessen kennengelernt. Immer wenn ich in Kenia bin, versuche ich, sie zu treffen. Wo sie ist, wird immer am meisten gelacht. Und heute hat sie auch allen Grund dazu. Aber das war nicht immer so.

Hier ist sie also aufgewachsen, dachte ich, als ich Jennifer Gitiri in der Redeemed Gospel Church traf. Schön, dass ich mal hier war und sie in ihrer Heimat treffen durfte. *„Ein Leben voller Schweiß, Tränen, Lachen, Höhen und Tiefen"*, fasste Jennifer ihr Leben zusammen. *„Schulter an Schulter gedrängt"* – das bedeutet „Korogocho" auf Suaheli und beschreibt den Slum, in dem Jennifer bei ihrer alleinerziehenden Mutter mit ihren zwei Brüdern aufgewachsen ist. *„Die Hütten sind dicht aneinandergedrängt. Es gibt keine Ordnung, kein fließendes Wasser, keine Toiletten"*, beschreibt Jennifer das Viertel, in dem sie aufgewachsen ist. *„Es ist ein schmutziger Ort."*

Das Üble an den Slums in Nairobi ist, dass sie immer größer werden. Man könnte auch sagen, dass die über das gesamte Stadtgebiet verteilten fünf großen Slums aufeinander zuzuwachsen scheinen, um sich anscheinend irgendwann mal zu einem großen Slum zusammenzufinden. Wie viele Menschen in den engen Gassen Korogochos leben, lässt sich schwer sagen – vermutlich sind es über 400.000. Sie leben in Ein-Zimmer-Häusern, die provisorisch aus Wellblech gebaut worden sind, einige wenige aus Holz.

In den Regenzeiten dringt Wasser in die Häuser ein, weil kein Abwassersystem vorhanden ist. Dementsprechend riecht es hier auch. Ein Geruch, den ich nach jedem Besuch wochenlang nicht mehr aus der Nase bekomme. Für die Menschen, die hier leben, ist es der Vorhof zur Hölle. Ich erinnere mich an einen Besuch, bei dem ich Josephine kennengelernt habe. Sie ist alleinerziehende Mutter von vier kleinen Kindern. Als ich ihr die Frage stellte, welche Träume sie für ihre Kinder hat, flog gerade ein Flugzeug über ihre Behausung. Spontan schaute sie nach oben und sagte: *„Einer meiner Jungs soll einmal Pilot werden. Dann kann er uns aus dieser Gegend hier rausfliegen!"*

Für Jennifer Gitiri ist ihre Kindheit immer wieder präsent. Sie weiß genau, woher sie kommt, und sie kehrt immer wieder dorthin zurück. In ihre Kirchengemeinde, in ihre frühere Nachbarschaft und in ihr Viertel. *„Ich möchte den anderen ein Beispiel sein, dass es einen Ausweg aus dieser fatalen Situation gibt."*

Sie erinnert sich auch an viele Brände, die meist in der Nacht ausbrachen: *„Die Menschen nutzten Kerzen als Lichtquelle, die herunterbrannten und dann ein Feuer auslösten. Wahrscheinlich waren die Leute oft betrunken, haben die Kerzen vergessen und das Feuer breitete sich schnell aus. Wenn dort ein Haus brennt, dann brennt es überall, weil die Häuser so eng aneinanderstehen. Alle wachen auf und helfen, das Feuer zu löschen."* Es gab keine richtigen Straßen, auf denen die Feuerwehr hätte ausrücken können. Und überhaupt: welche Feuerwehr?

Die Menschen, die im Slum leben, müssen sich meist allein durchs Leben schlagen. Der Alltag hier ist hart – besonders für die Kinder: *„Du stehst morgens auf, und wenn es nichts zu essen gibt, gehst du raus zum Spielen. Du hoffst, dass es etwas zum Mittagessen geben wird. Wenn es etwas zu essen gibt, dann isst du, aber wenn es nichts gibt, gehst du wieder spielen."* Die Kinder streunen in der Nachbarschaft umher, um irgendwo Reste von Essen zu finden. Alles, was noch essbar ist, ist besser, als am Abend mit knurrendem Magen ins Bett zu gehen.

Jennifers Mutter hatte keine Ausbildung und deshalb auch keinen Job, der ihr ein geregeltes Einkommen garantiert hätte. *„Meine Mutter hat immer hart gearbeitet. Sie ist Jobs nachgegangen, die sie mit den Händen verrichten konnte.“* Jennifer nennt ihre Mutter liebevoll Mama Bär. Sie wollte ihre Tochter und ihre Söhne immer beschützen und versorgen wie eine Bärenmama. *„Wenn ich zurückblicke, hat sie ihr Bestes gegeben, um sich unter den gegebenen Umständen um uns zu kümmern.“*

Für Jennifer, die es nicht anders kannte, war das Leben im Slum normaler Alltag. Ein Leben ohne Perspektive und Hoffnung. *„Wenn du die grundlegenden Dinge wie Lebensmittel, Wasser oder Kleidung nicht hast, wie kannst du dann an etwas anderes denken als an das, was du um dich herum siehst: Müll, Kriminalität, Prostitution, Alkoholabhängige.“*

Egal, ob Kinder, Jugendliche oder Erwachsene – wer in extremer Armut lebt, hat meist nicht die Möglichkeit, über diese Lebensumstände hinauszuschauen. Für viele gibt es nur einen Ausweg: den Alkohol. Auf unserem Weg durch den Slum kamen wir an einer anderen Ecke vorbei, wo reichlich angetrunkene junge Männer gerade Schnaps brannten. Ein Ort der Hoffnungslosigkeit, in große Fässer abgefüllt.

Wir gingen weiter und sahen arbeitsfähige Frauen und Männer, die reglos, teils apathisch am Straßenrand saßen. Worauf warteten sie? Vielleicht, dass jemand vorbeikam, der sie gerade zum Arbeiten brauchte oder der ihnen aus Mitgefühl etwas zu essen überließ. Die meisten saßen hier wohl nur, um zu warten, dass ein weiterer Tag ihres Lebens einfach vorüberging.

Und einmal mehr wird mir klar: Das Leben ist nicht so, wie es ist, sondern so, wie wir es sehen. Was sollen Menschen denken, die um sich herum nichts anderes als Hoffnungslosigkeit sehen? *„Wir leben in diesem Dreck, unsere Eltern haben in diesem Dreck gelebt, deren Eltern lebten auch hier – und unsere Kinder werden auch hier leben.“*

„Hoffnungslosigkeit ist für mich die Unfähigkeit zu glauben, dass die Dinge besser werden können. Die Umgebung, die du siehst, schränkt dich ein, und es scheint, als ob alles gegen dich ist", resümiert Jennifer Gitiri die Lebenslage der hier lebenden Menschen. Sie ist überzeugt: Der Kreislauf der Armut kann nur mit Hartnäckigkeit durchbrochen werden.

„Menschen, die im Slum eine Chance bekommen, müssen sie ergreifen und nutzen. Das habe ich durch mein Leben im Slum und das Leben der anderen dort wahrgenommen und gelernt. Kinder und Jugendliche wie ich haben durch die lokale Kirche und das Förderprogramm diese Chance bekommen." Und Jennifer hat sie genutzt.

Als Kind realisierte Jennifer nicht, was sie alles nicht hatte. Weil das Leben eben genauso war, wie sie es sah. Woher sollte ein Kind wissen, dass es arm ist, wenn das Leben doch so ist, wie es ist? Erst durch das Kinderzentrum der lokalen Kirchengemeinde lernte sie etwas anderes kennen. *„Wenn du selbst und alle um dich herum in der gleichen Situation sind, dann merkst du nicht, dass etwas fehlt."*

Plötzlich hatte sie Zugang zu medizinischer Versorgung, bekam ausgewogene Mahlzeiten, die Schulgebühren wurden übernommen und sie hatte eine ordentliche Schuluniform.

„Es gab einen großen Unterschied zwischen den Kindern, die am Förderprogramm teilnahmen, und denen, die es nicht taten. Wenn Eltern nicht einmal für Lebensmittel aufkommen konnten, wie sollten sie dann eine Schuluniform kaufen? Einige Kinder liefen mit zerrissenen Schuluniformen herum oder hatten keine Schuhe. Alle wussten, welches Kind das Kinderzentrum besuchte." Die Kinder, die das Kinderzentrum besuchten, waren ordentlich gekleidet.

Der Samstag war für Jennifer der schönste Tag der Woche. Es war der Tag, an dem sie ins Kinderzentrum ging. *„Wir bekamen dort beispielsweise immer etwas zu essen. Im Slum ist das nicht selbstverständlich. Außerdem konnten wir spielen und es gab viele Aktionen, die uns Kindern Spaß machten."*

Jennifer lebte mit ihrer Familie direkt neben der Kirche. Noch bevor das Kinderzentrum eröffnet wurde, ging sie dort in den Kindergottesdienst, weil sie ein Mitarbeiter eingeladen hatte. *„Alle wollten am Förderprogramm teilnehmen, als sich herumsprach, dass die Kirche mit einer Organisation zusammenarbeiten will, um Kinder zu unterstützen.“* Die Sozialarbeiter richten sich – damals wie heute – nach bestimmten Kriterien, um Kinder, die am dringendsten Unterstützung brauchen, ins Förderprogramm aufzunehmen. Jennifer war sieben Jahre alt, als das Kinderzentrum seinen Dienst begann. Ihre Paten kamen aus den USA. *„Damals haben wir nicht verstanden, was das alles sollte. Ich glaube, unsere Familien waren einfach glücklich, dass es einen Ort gab, an dem wir gefördert wurden.“*

Noch heute profitiert Jennifer von den Dingen, die ihr damals in der Kirche vor Ort beigebracht wurden. *„Ich habe damals beispielsweise gelernt, wie ich ohne Ofen backen kann. Wir haben Holzkohle genutzt. Wenn du im Slum aufwächst, hast du nicht die Mittel, um all die Dinge zu kaufen, die du zum Backen benötigst.“*

Im Kinderzentrum lernen die Kinder und Jugendlichen grundlegende Fertigkeiten und Lebenskompetenzen. *„Es wurden unterschiedliche Leute eingeladen, die uns dann z. B. das Kochen, Nähen oder Schneidern beigebracht haben.“* Die Kinder können sich ausprobieren. Dabei darf der Spaß nicht zu kurz kommen. Natürlich werden auch Streiche gespielt. *„Die Mitarbeiter waren sehr gut darin, das Verhalten der Kinder richtig einzuschätzen“*, erzählt Jennifer. *„Ich finde, dass sie die Helden sind. Sie alle spielen eine wichtige Rolle im Leben der Kinder. Da gibt es den Pastor der Kirche, die Sozialarbeiter, die Ehrenamtlichen, die am Samstag freiwillig ins Kinderzentrum kommen und dafür nicht bezahlt werden. Sie kommen einfach, um den Kindern aus der Bibel zu erzählen, Spiele mit ihnen zu spielen und all die Dinge zu machen, die Spaß machen. Es gibt die Küchen-Mamas, Frauen aus der Nachbarschaft, die für die Kinder kochen.“*

Sie sind für Jennifer die wahren Helden, weil sie ihre Zeit in und für die Kinder investieren. Ihr Engagement endet nicht mit dem Beginn der Schulferien. Die Mitarbeiter ermutigen die Kinder und ihre Familien auch in der schulfreien Zeit, zum Beispiel durch Hausbesuche. Die Briefe, die Jennifer von ihren Paten erhielt und heute immer noch aufbewahrt, stärkten ihr Selbstvertrauen. „*Manchmal braucht es für ein Kind, das im Slum aufwächst, diesen einen Satz: ‚Ich glaube an dich! Ich denke an dich! Ich bete für dich!' Die Briefe haben uns Kinder immer motiviert.*"

Jennifer zählte zu den ersten Kindern, die im neu eröffneten Kinderzentrum aufgenommen wurden. Das älteste Kind muss um die zehn Jahre alt gewesen sein, erinnert sie sich, es gab aber auch deutlich jüngere Kinder. „*Die Mitarbeiter im Kinderzentrum halfen manchen Kindern zum Beispiel beim Naseputzen. Andere Kinder haben sich in die Hose gemacht. Die Mitarbeiter haben viel für uns getan und uns viel beigebracht. Für mich sind sie die Helden der Geschichte. Sie hatten ein Herz für uns Kinder und wollten das Beste für jedes einzelne Kind.*"

Die Mitarbeiter hatten auch ein Auge dafür, Talent und Potenzial in den Kindern zu entdecken. „*Ich glaube, ich war ein schlaues Kind, aber habe es selbst nicht wahrgenommen. Die Mitarbeiter haben etwas in mir gesehen und mich in meinen Fähigkeiten gefördert.*" Besonders nachdem Jennifers Mutter unerwartet starb, standen die Mitarbeiter der damals 14-Jährigen zur Seite. Eine dunkle Zeit für sie und ihre Brüder. Die Sozialarbeiter im Kinderzentrum sorgten dafür, dass sie in einem Internat unterkam und weiterhin am Förderprogramm teilnehmen konnte.

Im Internat hatte sie mit Kindern und Jugendlichen aus den verschiedenen sozialen Schichten zu tun. „*Dadurch habe ich verstanden, dass das Leben mehr zu bieten hat und ich so viel erreichen kann. Du unterhältst dich dort mit den anderen Kindern und sie erzählen einem, was die Eltern beruflich machen.*" Jennifer realisierte: Es gibt ein Leben außerhalb des Slums. In dieser Zeit begann in ihr der Wunsch zu reifen, Anwältin zu werden.

„*Ich war im zweiten Highschool-Jahr, als ich diesen Gedanken hatte, und habe das schriftlich festgehalten. In diesem Alter setzt man sich mit verschiedenen Berufsoptionen auseinander, lernt unterschiedliche Menschen kennen und sieht, dass Menschen Gesellschaft mitgestalten können.*" Obwohl Jennifer keine Juristen in ihrem direkten Umfeld kannte, wusste sie, dass sie gute Dinge tun, für andere Menschen und um der Gerechtigkeit willen.

Jennifer hatte die Unterstützung der Mitarbeiter der lokalen Kirche, die sie auf ihrem Weg begleiteten und sich an ihre Seite stellten. „*Sie haben jedes einzelne Kind gesehen, sein Talent gefördert und das getan, was für die Entwicklung dieses einen Kindes nötig war.*" Die Hingabe der haupt- und ehrenamtlichen Mitarbeiter und der Sozialarbeiter trug dazu bei, dass Jennifer ihr Jurastudium aufnehmen konnte. „*Die Umgebung zu sehen, in der ich aufgewachsen bin, und mich zu fragen: Was kann ich in dieser Situation tun? Das war der Grund, warum ich mich für Jura entschieden habe. Ich wollte zumindest eine Stimme für diejenigen sein, die in Armut leben und deren Rechte verletzt werden.*"

Mithilfe von Stipendien konnte sie nicht nur ihren Bachelor-Abschluss, sondern auch zwei Masterstudiengänge und einen internationalen Masterkurs absolvieren. Teilweise studierte sie sogar im europäischen Ausland. Die Aufenthalte in Oslo, Wien und Budapest gaben der angehenden Anwältin nicht nur einen Blick für die Welt außerhalb ihrer Heimat, sondern sorgten auch dafür, dass sie auf internationalem Parkett zurechtkommt. Sie ist unter anderem in der Anti-Korruptions-Kommission der UN tätig.

Heute ist Jennifer Gitri Anwältin am Obersten Gericht von Kenia. Sie hat einen Masterabschluss in internationalem Recht und arbeitet gerade an ihrer Promotion in Verfassungsrecht. Zusätzlich ist sie Expertin für internationale Menschenrechte. Sie setzt ihre Stimme ein für die Menschen in Kenia, weil sie weiß, was Perspektivlosigkeit mit einem Menschen machen kann. „*Weltweite Armut kann nicht einfach beendet werden. Jeder kann aber in seiner Umgebung etwas tun. Was immer du tun kannst für ein, zwei oder drei Leute – tu genau das. Es wird einen Dominoeffekt haben.*"

Das ist Jennifer Gitiris Appell: „*Niemand muss ein großes Büro oder einen wichtigen Titel tragen, um einen Unterschied in seinem eigenen Umfeld machen zu können.*" Jennifers Lebenslauf war bereits während der Ausbildung der Grund, warum viele ihrer Kommilitoninnen und Kommilitonen ins Grübeln gekommen sind: *„Wenn dieser Gott euch aus dem Slum an die Uni gebracht hat, dann möchten wir ihn auch kennenlernen."*

18.

Misgana: Der Rechtsanwalt aus dem Rotlichtviertel

Nazret ist die drittgrößte Stadt Äthiopiens. Man nennt sie auch Adama. Über 250.000 Menschen leben hier. Es sind gut drei bis vier Autostunden von der Hauptstadt Addis Abeba, bis im Südosten die Skyline der Stadt auftaucht. Kaiser Haile Selassie I. nannte sie in Anlehnung an die biblische Stadt Nazret. Die Hauptstadt der Region Oromia liegt auf einer Höhe von 1712 Metern und ist so etwas wie der Übergang zwischen dem Hochland von Abessinien und dem Tiefland im Ostafrikanischen Grabenbruch. In dieser sehr ländlichen Region leben viele Hirten und Bauern. Den städtischen Charakter bekam die Stadt, nachdem Anfang des 20. Jahrhunderts eine Bahnstrecke von Addis Abeba bis zu den Seen im Grabenbruchgebiet gebaut wurde.

Mit der Bahn kamen die Menschen, mit den Menschen wurde der Wohnraum knapp. Und da die Region nicht genug Ressourcen für alle bereitstellen konnte, kamen alle anderen Probleme gleich mit: Kriminalität, Gangs, Prostitution und sehr viele arme oder verarmte Menschen, die nach Nazret kamen, weil ihnen erzählt wurde, dass es in den Städten ein besseres Leben geben würde als auf dem Land. Noch mal mehr Menschen kamen, als am Fluss Awash Zuckerplantagen mit einer eigenen Raffinerie angelegt wurden. Anfang der 60er-Jahre ergänzt durch drei Kraftwerke. Die Stadt wurde von Menschen regelrecht überschwemmt.

Dass es reichlich eng in der Hütte werden kann, wenn zu viele Menschen einen Schlafplatz brauchen, das erlebte auch der kleine Misgana. Die gesamte Verwandtschaft schien sich in ihrem kleinen Haus zu tummeln. Daher fällt es ihm auch schwer, eine so einfache

Frage zu beantworten, wie: „*Wie viele Geschwister hast du?*" Misgana kommt bei der Beantwortung echt ins Grübeln, bevor er schließlich sagt: „*Ehrlich? Ich weiß es nicht! Wir waren ziemlich viele Kinder. Frag mich nicht, wer meine Schwestern und Brüder waren, denn es könnte sein, dass ich dann auch noch die Horde von Cousinen und Cousins mit aufzähle. Es waren auch immer viele Erwachsene bei uns. Irgendwie waren alle Onkel und Tanten, egal, ob sie jetzt direkt mit uns verwandt waren oder nicht. Jedenfalls war bei uns immer mächtig viel los im Haus.*" Meine zweite Frage, ob es irgendwann eine Zeit gab, wo er nur mit seiner Mutter, seinem Vater und seinen direkten Geschwistern zusammen war, erübrigte sich.

Im Dorf gab es viele Prostituierte. Denn wer nichts mehr hat, womit sich Geld verdienen lässt, kommt irgendwann aus reiner Not dazu, das anzubieten und zu verkaufen, was noch vorhanden ist: den eigenen Körper. Armut ist brutal und hat noch viele andere „Nebenwirkungen". So erzählt Misgana, dass es eigentlich jede Nacht in seiner Straße und in der unmittelbaren Nachbarschaft mächtig geknallt hat: „*Alle waren betrunken und haben sich geprügelt. Ich habe mich als Kind dann immer irgendwo versteckt, um abzuwarten, bis sich die Lage wieder etwas beruhigt hatte. Später ist mir aufgefallen, dass eigentlich alle Frauen und Mädchen in meiner Gegend Prostituierte waren und alle Männer und Jugendliche ständig betrunken. Es gab nur diese beiden Kategorien. Es gab in meinem Viertel sehr viele Menschen, die HIV-positiv waren.*"

Sein Vater war eigentlich Schneider, aber keiner brauchte ihn. Seine Mutter und die anderen Erwachsenen der Großfamilie versuchten, mit Tagelöhnerarbeiten irgendwie Geld zu bekommen, um alle über Wasser zu halten. Misgana erinnert sich: „*Ich hatte als Kind keine wirklichen Vorbilder. Nicht in der eigenen Familie, nicht in der Nachbarschaft und auf den Straßen meines Viertels schon gar nicht. Wir waren alle gleich arm und jeder versuchte, möglichst lange zu überleben.*"

Trotz allem versuchte die Familie, das Beste für ihre Kinder zu tun. Der Schulbesuch war obligatorisch. „*Unsere finanzielle Situation war sehr unsicher, und das brachte unsere Familie immer wieder in Schwierigkeiten. Eine davon war die Schulbildung meiner beiden Schwestern. Ich erinnere mich, dass meine Schwestern alte und abgenutzte Sandalen trugen. Sie nagelten sie einfach mit irgendwelchen kleinen Nägeln wieder zusammen, wenn sie mal wieder gerissen waren oder sich die Gummisohle ablöste."*

Schon als das älteste Kind der Großfamilie noch in der Grundschule war, halfen sie bereits, durch den Verkauf von Kohlköpfen das Familieneinkommen zu steigern. Eines Tages hörte Misganas Mutter von einer Kirche, die Kinder aus ärmsten Verhältnissen unterstützte. Sie freute sich darüber, denn sie dachte, dass es eine große Erleichterung wäre, wenn auch nur eines der Kinder aus der Familie Hilfe bekäme. *„Meine Mutter nahm meinen älteren Bruder mit und ging zur Kirche, aber er war über der Altersgrenze. Dann nahm sie meinen jüngeren Bruder mit, aber der war zu jung für das Programm. Beim dritten Versuch war ich dann an der Reihe, und was soll ich sagen: Es hat funktioniert!"*, sagt Misgana mit einem verschmitzten Lächeln auf den Lippen.

Doch der Start war für ihn sehr holprig: *„Als ich an meinem allerersten Compassion-Tag zu dieser Kirche ging, war ich sehr ängstlich und nervös, als ich die Kirche betrat. Ich schaute zu den Lehrern, die uns liebevoll und herzlich willkommen hießen, und schließlich sah ich auch ein paar meiner Freunde. Meine Nervosität legte sich schnell. Auf dem Gelände der Kirche sahen wir Schaukeln, Rutschen und verschiedene Bälle zum Spielen. Sie sagten uns, dass wir damit nach Herzenslust spielen könnten."*

Einfach mal in einem geschützten Raum spielen dürfen. Ausgelassen sein, unbeschwert mit anderen herumtollen, ohne sofort Angst haben zu müssen, gleich eine Bierflasche über den Kopf gezogen zu bekommen. Spielen dürfen ohne die Sorge, gleich von irgendeinem Erwachsenen verprügelt zu werden, nur weil er gerade nichts anderes zu tun hat. Für viele Kinder sind die wenigen Stunden, die sie am Samstag auf dem abgeschlossenen Gelände der Kirchengemeinde verbringen dürfen, der „Himmel auf Erden". Auch Misgana merkte sehr schnell, dass hier die Dinge etwas anders liefen als gewohnt: *„Im Gegensatz zu meiner normalen Schulumgebung gab es hier keine Tyrannen, und ich fühlte mich sicher. Meine Verwandten und Nachbarn erinnerten mich immer daran: ‚Du hast großes Glück!' Sie sagten dann: ‚Ich wünschte, meine Kinder hätten so viel Glück.'"*

Als Misgana im Förderprogramm startete, hatte er noch keine Paten. Eines Tages, so erzählt er, sei einer der Sozialarbeiter zu ihm gekommen und sagte ihm, dass er jetzt jemanden hätte, der aus einem anderen Land käme, sich aber um ihn kümmern wolle. Auch würde er dafür sorgen, dass Misgana hier im Förderprogramm bleiben kann. *„Von diesem Tag an erhielt ich regelmäßig Briefe von meiner Patin. In diesen Briefen erwähnte sie immer, wie sehr sie mich liebt, und das verwirrte mich, da es in der äthiopischen Kultur nicht üblich ist, dass ein Familienmitglied oder ein Freund die Worte ‚Ich liebe dich' sagt. Aber in jedem Brief, den sie mir schickte, teilte sie mir auf sehr schöne Weise mit, wie sehr sie mich vermisst und liebt. Jedes Mal, wenn ich einen ihrer Briefe erhielt, fühlte ich mich durch die Art, wie sie mir schrieb, geliebt. Selbst jetzt, wenn ich mich daran erinnere, erscheint ein Lächeln auf meinem Gesicht. Neben den Briefen erhielt ich manchmal auch Bilder, Postkarten, Zeichnungen und Aufkleber. Die Bilder, die sie schickte, zeigten die Natur, wie Blumen und Bäume. Diese Bilder bildeten die Grundlage dafür, dass ich heute ein naturverbundener Mensch bin. Man könnte sagen, sie gab mir die Kraft meines Herzens."*

Eines Tages schickte die Patin ein Extrageld-Geschenk für die Familie von Misgana. Davon kaufte die Familie sich eine Kuh. Diese Kuh änderte die finanzielle Lage der Familie drastisch. Milch und Käse wurden verkauft, von den Einnahmen konnte bald eine weitere Kuh gekauft werden und dann noch eine und noch eine. *„Unsere finanzielle Lage in der Großfamilie wurde immer besser und stabiler"*, erinnert sich Misgana.

Die Hoffnung kam durch die Hintertür. Denn mit den Einnahmen konnte zum Beispiel das Schulgeld bezahlt werden. Misgana hatte sogar das große Glück, als Jugendlicher auf eine Privatschule gehen zu können. Trotzdem war das Leben nach wie vor kein Zuckerschlecken. Wenn Teenager ihre eigene Persönlichkeit zu entwickeln beginnen, vergleichen sie sich dabei auch mit anderen. Misgana fühlte sich den anderen Kindern in seiner Schulklasse unterlegen, weil er ja eigentlich nur mithilfe von anderen überhaupt diese Privatschule besuchen konnte. *„Als meine Klassenkameraden herausfanden, dass ich durch eine Patenschaft unterstützt wurde, fingen sie an, mich zu verspotten und niederzumachen. Ich fühlte mich richtig minderwertig ihnen gegenüber. Ich begann mich zu schämen und zog mich immer mehr von anderen zurück."*

Die Minderwertigkeitskomplexe wirkten sich auf seine Schulnoten aus. Mit der Zeit wurde die Situation in der Schule nicht besser, und so begannen seine Noten drastisch schlechter zu werden. Der Direktor des Förderprogramms und der Sozialarbeiter teilten Misgana schließlich mit, dass sie die Kosten für die Privatschule nur weiterbezahlen könnten, wenn seine Noten sich deutlich verbesserten. Misgana erinnert sich sehr genau an diese Phase in seinem Leben: *„Ich hätte mich eigentlich ängstlich oder besorgt fühlen müssen, aber ich fühlte nichts, weil ich mich als Teenager anderen gegenüber minderwertig fühlte. Die Angst, von den anderen verspottet zu werden, war größer als die Angst, von der Schule zu fliegen."*

Eines Tages, so erinnert er sich, organisierte die Kirche einen Lehrgang und lud alle Jugendlichen des Förderprogramms dazu ein. Der Referent war ein Motivationsredner. *„An diesem Tag lernte ich zum ersten Mal etwas über die Fähigkeiten des menschlichen Gehirns. Der Redner erklärte uns, dass ein Mensch zu so viel fähig ist, wenn wir seine kognitiven Fähigkeiten erkennen und nutzen. In diesem Moment änderte sich meine Sichtweise auf mich selbst und auf die Welt völlig. Ich hörte auf, mich aufgrund meiner äußeren Erscheinung zu beurteilen. Ich beschäftigte mich mit dem, was mir auf dem Herzen lag. Ich glaube, wenn ich Unterstützung von anderen brauche, dann nur, damit ich morgen jemand anderem helfen kann. Ich wurde besser in der Schule und studierte nach der Highschool an der Universität Jura."*

Durch weitere Seminarwochenenden innerhalb des Förderprogramms lernte Misgana, wie man sich als Mentor und Anwalt für Kinder einsetzt. Heute arbeitet er als Rechtsanwalt in Addis Abeba. Neben seinem Beruf unterrichtet er Kinder und Jugendliche und hilft ihnen, ihren Platz im Leben zu finden. Außerdem engagiert er sich ehrenamtlich für zwei Waisenhäuser und sorgt dafür, dass jedes Kind einen Mentor bekommt.

19.
Dan: Vom Segen eines Smartphones

Wir lieben und wir hassen sie. Einerseits machen sie vieles im Leben leichter, auf der anderen Seite machen sie uns süchtig. Die Rede ist von unseren Smartphones, den kleinen, feinen Taschendieben, die uns nicht nur die Zeit rauben, sondern manchmal auch die Nerven. Aber sie haben auch viele gute Seiten, denn sie helfen uns im Alltag. Nicht nur durch schnellen Zugriff auf Straßenkarten, Bankkonten oder Kontakte, sondern sie können im wahrsten Sinn des Wortes Leben retten. Das des Filmemachers Dan Woolley zum Beispiel.

Es waren die längsten Stunden seines Lebens. Dan Woolley war am 10. Januar 2010 aus den USA nach Haiti gekommen, um einen Film über die alltägliche Armut im Karibik-Staat zu drehen. Gerade waren er und sein Kollege David Hames am 12. Januar nach einem Drehtag in Port-au-Prince wieder im Hotel angekommen, als die Erde zu beben begann. Augenblicke später stürzte das Hotel „Montana" in sich zusammen und begrub die beiden Kameramänner unter sich. Später würde man vom größten Erdbeben der Menschheitsgeschichte sprechen.

Das Hotel, in dem sie untergebracht waren, kannte ich von meiner ersten Reise nach Haiti im Jahr 2007. Bevor ich mich entschied, den deutschen Zweig von Compassion International zu gründen, ging es auf eine Kennenlernreise in dieses Land, in dem extreme Armut herrscht. Ich weiß noch, wie ein Freund mich etwas entgeistert ansah und dann fragte: „Haiti? Echt? Du wirst dich freuen, dass du das Rückflugticket in der Tasche hast, und dich gleichzeitig schämen, dass du eins besitzt!"

Genauso war es dann auch. Wir erkundeten die Kinderzentren verschiedener Kirchen, fuhren glücklicherweise am helllichten Tag durch den Slum, den sie hier ‚Cité soleil' (Stadt der Sonne) nannten. Ich war geschockt von der extremen Armut, die mir hier durchgehend begegnete. Da war es fast wie im Paradies, dass wir jeden Abend ins Hotel Montana zurückkehren konnten. Auch nicht gerade ein Fünfsternehotel, aber der beste und sicherste Platz in der Hauptstad Port-au-Prince, den wir finden konnten. Es gehörte einer deutschen Frau, die vor vielen Jahren aus Frankfurt nach Haiti ausgewandert war. Es gab ein kleines Außengelände mit einem kleinen Pool, ansonsten war das mehrstöckige Gebäude sauber, aber nicht gerade erstklassig ausgestattet. Ich erinnere mich gut an den kleinen Aufzug, der aus der Lobby ins nächste Stockwerk führte. Er spielt in dieser Geschichte eine entscheidende Rolle.

In diesem Hotel hatten sich im Januar 2010 also Dan und sein Freund David einquartiert. Eine gute Wahl. Bis zu dem Moment, als es krachte und alles in sich zusammenfiel. In dem Moment schien die Welt für einen Augenblick stillzustehen. Sekunden wurden zu einer Ewigkeit.

In der Dunkelheit unter den Trümmern der Hotellobby versuchte Woolley, sich zu orientieren. *„Ich konnte nichts sehen, es herrschte absolute Finsternis.“* Sein Fuß war gebrochen und sein Kopf blutete. Woolley hatte seine Brille verloren, auf die er wegen seiner Kurzsichtigkeit angewiesen war. Daher nutzte er das Suchlicht seiner Kamera und schoss Fotos von der Umgebung, die er auf dem Display anschaute. Auf einem entdeckte er besagten Fahrstuhlschacht, in den er hineinkroch. Der Schacht sollte Dan Woolleys Zuflucht für die kommenden 65 Stunden werden.

In dieser Zeit passierte, was der Hersteller seines Smartphones später für einen Werbespot nutzte. Dan Woolley glaubt an Gott und bat ihn um Hilfe. Als das Beben das Hotel Montana in Schutt und Asche gelegt hatte und der Kameramann auf engstem Raum sein Überleben sichern musste, hatte er eine clevere technische Idee. Da er nicht wusste, wie er die Blutung an seinem Bein stillen sollte, rief er auf seinem Smartphone die Erste-Hilfe-App auf. Die Ratschläge waren gut, aber es war stockdunkel. Mithilfe des Lichts an der Kamera versuchte er, sich weiter zu orientieren. Immer wieder benutzte er auch den Blitz, um einen besseren Unterschlupf zu finden. Notdürftig schiente er sein Bein und stoppte die Blutung am Kopf, indem er einen Socken gegen die Wunde drückte.

Dann stellte Woolley seinen Wecker auf alle 20 Minuten, um wach zu bleiben, denn er befürchtete, dass er einen Schock erleiden könnte, wenn er einschlief. *„Ich wollte immer überleben, doch ich wusste, dass das etwas war, das ich nicht kontrollieren konnte.“*

In der Einsamkeit des Fahrstuhls begann Woolley, Abschiedsworte an seine Frau und seine Kinder in ein Notizbuch zu schreiben. Für den Fall, dass er nicht überleben sollte, wollte er seinen Söhnen Josh (6) und Nathan (3) wenigstens einige Sätze hinterlassen: *„Ich war in einem großen Unglück. Seid nicht ärgerlich auf Gott. Gott sorgt immer für seine Kinder, selbst in schweren Zeiten. Ich bete immer noch, dass Gott mich herausholt, aber vielleicht wird er es nicht tun. Doch er wird sich immer um euch kümmern.“*

Wenn er sich entmutigt fühlte, nutzte er die iPod-App, um Musik zu hören. Wie hielt die Batterie seines iPhones erstaunliche 65 Stunden durch? Woolley hatte einen zusätzlichen Akku zur Verlängerung der Lebensdauer der Handybatterie. Er schloss ihn an sein iPhone an und hatte so für mehrere Stunden Strom. Irgendwann hörte er auf, den Wecker zu benutzen, nachdem er sich sicher war, dass er keinen Schock erleiden würde.

Als die Batterieanzeige auf 20 Prozent sank, schaltete Woolley das iPhone aus, um Strom zu sparen. Zuvor hatte er einige Textnachrichten gespeichert, in denen er um Hilfe rief, um sie für den Fall, dass er wieder eine Mobilfunkverbindung bekommen würde, abschicken zu können.

„Es war wirklich ein unglaubliches Werkzeug in meiner Tasche, und ich war wirklich froh, es zu haben“, sagte Woolley später.

Es gelang ihm auch, Kontakt zu anderen Verschütteten aufzunehmen. Direkt neben seinem Aufzug befand sich ein Mann aus Haiti: *„Wir sprachen viel miteinander, wir beteten zusammen und sangen Lie-*

der. Wir machten uns wirklich gegenseitig Mut. Sich in einer Situation wie dieser an Hoffnung festzuhalten, war absolut entscheidend."

Doch es gab auch im doppelten Sinn des Wortes viele dunkle Stunden. Später schrieb er ein Buch über diese Zeit, in der er lebendig begraben war. Es gab Momente, wo er die Hoffnung aufgab, gerettet zu werden. Das Buch erzählt aber auch, wie Woolley in diesen Tagen einen Glauben findet, der stark genug ist, Gott zu vertrauen, selbst wenn er sterben würde. Woolley beschreibt sehr ehrlich, wie er in diesen Momenten sein Leben Revue passieren ließ. Seine Ehe, die Beziehung zu seinen Kindern, alles wurde überdacht und neu justiert. Schließlich kritzelte er in der Dunkelheit Abschiedsnachrichten an seine Familie in sein Tagebuch.

Irgendwann hörte Woolley ganz weit in der Ferne Geräusche. Stimmen von Suchteams, die versuchten, Kontakt zu den Überlebenden unter den Trümmern aufzunehmen. Noch einmal folgten Stunden bangen Wartens. Manchmal hörte er entfernt das Geräusch von Bohrern, manchmal herrschte nur Stille.

„Ich hob einen Betonstein auf, warf ihn gegen die Wand und schrie. Das war eine gesunde Art, meine Wut und Frustration loszuwerden. Ich hatte nicht vor, mein Todesurteil in diesem Aufzugsschacht zu akzeptieren. Selbst wenn ich mich in den Aufzugsschacht hochziehen und den Schacht hinaufklettern könnte, ohne zu fallen, wie sollte ich die Aufzugstüren in den Stockwerken über mir öffnen? Ich bräuchte mindestens ein Brecheisen. Wahrscheinlich hätte ich mir Sorgen darüber machen sollen, dass ich schwach wurde. Stattdessen lag ich einfach nur keuchend auf dem Boden und versuchte, mir einen Plan zurechtzulegen, was ich als Nächstes tun sollte."

In dieser Situation zog er auch seinen Glauben in Zweifel: *„Okay, Gott. Wenn ich hier sterben muss, dann soll es so sein. Aber ich mache mir immer noch Sorgen um meine Familie. Und ich verstehe nicht, wie du trotz meines Todes etwas Gutes für meine Familie bewirken kannst.*"

Später würde er bekennen, dass er übermäßig viel Energie darauf verwendet hatte, zu hämmern und zu schreien, doch es war die schwindende Hoffnung, die ihm seine ganze Kraft raubte. Als er die Geräusche der Suchtrupps und ihrer Bohrer, Hämmer und Sägen hörte, keimte die Hoffnung wieder auf. Aber würden sie ihn wirklich finden?

Während das Summen der Sägeblätter und Bohrer in der Ferne weiterging, schienen die Helfer nicht näher zu kommen. *„Ich konnte keine Stimmen mehr hören."*

Zwischen Hoffen und Verzweifeln ist in solchen Situationen nur ein schmaler Grat. Es wäre so einfach, die Augen zu schließen und zu sterben. *„Aber ich kämpfte gegen diesen Drang an. Die Retter waren ganz in der Nähe; sie würden uns irgendwann erreichen. Wir mussten nur durchhalten, bis sie hier waren. Dennoch begann ich zu ahnen, dass es nicht Stunden, sondern Tage dauern konnte, bis sie mich erreichten. Es war auch möglich, dass die verwendeten Werkzeuge etwas zum Einsturz bringen konnten"*, beschreibt er später diese Stunden.

Nach 65 Stunden konnte Dan Woolley schließlich von einem französischen Suchteam geborgen werden. Woolley war einer der 23 Überlebenden, die nach dem schweren Erdbeben aus den Trümmern des Hotels Montana in Port-au-Prince, Haiti, gerettet wurden. Sein Freund David Hames wurde leider nicht gefunden.

Woolley wurde nach Miami gebracht und erholte sich dort sehr schnell von seinem gebrochenen Fuß und den Platzwunden an Kopf und Bein. Ein Wunder.

Aber eins ist für den Kameramann auch glasklar: *„Mein iPhone hat mich nicht gerettet, sondern Gott und die Gebete von Zehntausenden von Menschen"*, bemerkte Dan, als wir uns einige Jahre nach dem Erdbeben bei einer Konferenz in Nürnberg trafen. Entscheidend für sein Überleben war die Tatsache, dass er auch in einer scheinbar hoffnungslosen Lage nie die Hoffnung aufgegeben hat. Das gab ihm die Kraft zu überleben.

20.
Kanani: Einhundert Prozent Vertrauen

Das Schöne an meinem Beruf ist, dass ich viele interessante Menschen rund um den Erdball kennenlerne. Sie bringen Licht in mein Leben, gerade dann, wenn ich mal wieder in ihren dunklen Hütten sitze. Manchmal kostet mich das ein wenig Überwindung, denn die Gastfreundschaft bringt es mit sich, dass mir immer der beste Platz angeboten wird. Wenn das eine Stoffcouch ist, versuche ich immer, einen Grund zu finden, mich nicht dorthin zu setzen. Lieber sitze ich dann auf einem Holzblock. Erfahrung macht klug, so sagt der Volksmund. Nachdem ich nach dem Besuch einer Hütte in einem Armenviertel im wahrsten Sinn des Wortes einen Sack voller Flöhe mit nach Hause gebracht habe, bin ich vorsichtig geworden, nicht nur was meine Sitzgelegenheiten angeht. Auch habe ich mir seitdem abgewöhnt, den Koffer nach meiner Rückkehr zu Hause ins Schlafzimmer zu bringen und zum Auspacken locker auf's Bett zu werfen. Die Flöhe in unserem Bett nach besagter Reise waren so hartnäckig, dass wir fast sechs Monate in einem anderen Zimmer schlafen mussten.

Kleiner Nebeneffekt: Ich habe gelernt, dass Flöhe sichtbar zu machen sind. Meine Frau hat irgendwann abends einfach meinen Koffer in den Garten gelegt. Bei schönstem Mondlicht konnten wir die Flöhe aus sicherer Entfernung hüpfen sehen.

Was ich trotzdem immer noch gerne mache, ist, den Geschichten der Armen zuzuhören. Dabei habe ich so viel über Gott gelernt und auch mein eigener Glaube wurde sehr oft hinterfragt. Was gibt mir eigentlich Hoffnung? Warum finde ich in der ärmsten Hütte mehr Glauben und Vertrauen als in meinem gut situierten Leben in Deutschland?

Manchmal frage ich mich, ob das vielleicht daran liegt, dass es mir zu gut geht. Ich brauche Jesus nicht in der Art, wie Menschen ihn brauchen, deren einzige Hoffnung er ist. Ich kann mich in vielen Fällen auf meine Versicherungen verlassen, auf mein Bankkonto, meine Familie oder auf meine Freunde. Doch wer nichts mehr hat, wer vielleicht sogar gar nichts mehr hat? Der hat immer noch Jesus! Eine besonders nachdenklich machende Begegnung hatte ich bei einem Besuch in Äthiopien.

Äthiopien – Sie haben schon meine besondere Beziehung zu diesem Land gespürt. Insgesamt war ich über 15-mal in diesem Land, das zu den christlichsten Ländern der Erde gehört. Äthiopien ist nicht nur bekannt für den guten Kaffee, sondern auch für die orthodoxe Kirche und den tief verwurzelten christlichen Glauben. Aber natürlich auch für den Kaffee. Und den gibt's meistens erst nach einer ausgiebigen Zeremonie. Die Zubereitung kann dann schon mal ein bis zwei Stunden dauern.

Das liegt daran, dass Kaffee nicht nur zum Trinken da ist, sondern auch, um eine Gemeinschaft zu bilden, manchmal sogar zwischen wildfremden Menschen. Die Kaffeebohnen werden über einem Holzkohlefeuer zunächst geröstet. Immer wieder werden sie gewendet und hin- und hergeschoben. Dann kommen sie in eine Kanne, in die dann Wasser gefüllt wird. Die Kanne wird dann mitten in die Glut des Holzkohlefeuers gestellt. So lange, bis es dampft. Ein sicheres Zeichen, dass der Kaffee nun genießbar ist. Er wird in kleine Tassen abgefüllt, verteilt und wird immer zusammen mit salzigem Popkorn oder einer Art Brot gereicht.

Wir waren in einer Kirche und haben mit den Mitarbeitern darüber gesprochen, welchen Einfluss Christen auf das Leben von Menschen in Armut haben können. Nach unserem Gespräch fragte eine der Mitarbeiterinnen, ob wir mit auf eine sogenannte Home Visit kommen wollten. Nach einem etwa dreißigminütigen Fußweg kamen wir an einem fast verfallenen Haus an. Neben dem Haus gab es noch ein etwa 10 Quadratmeter großes Gebäude, vielleicht die Küche oder die Toilette oder ein Raum für Ziegen?

Wir lernten Kanani kennen, die uns direkt zu sich ins Haus einlud. Kaum hatten wir ihre ärmliche Hütte betreten, bereitete sie eine typisch äthiopische Kaffeezeremonie vor. Genug Zeit, um sich kennenzulernen und zu erzählen. Eine gute Art, die Zeit zu verbringen. Mit den jeweiligen Übersetzungen dauert ein solches Gespräch ohnehin immer länger als erwartet.

Kanani war umringt von ihren drei Kindern. Sie stellte sie uns kurz vor. Die drei Jungen waren im Alter von 15, 14 und 10 Jahren. Schnell merkten wir, dass sie eine alleinerziehende Mama war. Das war nicht immer so, denn natürlich gehörte ein Mann zu dieser Familie. Der sei aber vor einigen Jahren gestorben, als die Kinder noch sehr klein waren. Und einmal mehr hörten wir eine Geschichte, die uns schon so vertraut vorkam. Der Ernährer der Familie starb, es gab keine Arbeit für die Witwe – und schon verarmte die Familie. Und das geht meistens sehr schnell. Wenn dann noch eine Krankheit kommt, ist der Abstieg unausweichlich.

So war es auch hier gewesen. Kanani war krank geworden und kämpfte vier Jahre lang mit einer schweren Krankheit. Manchmal war nicht klar, ob sie diesen Kampf gewinnen würde. In dieser Zeit kümmerte sich die Großmutter um die kleinen Kinder. Das bedeutete nicht nur einen täglichen Fußweg von ein paar Stunden, um zwischen zwei Familien hin- und herzupendeln. Es bedeutete auch einen hohen finanziellen Aufwand, um die Kinder durchzubringen und Kanani notdürftig mit Medikamenten zu versorgen.

Der älteste Sohn konnte keine Schule besuchen. Die beiden jüngeren Kinder wurden ins Förderprogramm der lokalen Kirchengemeinde aufgenommen. Nur so konnte die Familie überhaupt überleben. Angesprochen auf ihre aktuelle Situation erzählte Kanani, sie habe ein Durchschnittseinkommen von 500 Birr im Monat. Das sind umgerechnet ca. 15 Euro. Im Monat!

Das war schon schlimm genug, aber die Miete für ihr Ein-Raum-Haus kostete 300 Birr im Monat. Blieben also noch 200 Birr übrig, was ca. 6,31 Euro ist. Für alles! Eine Schachtel Zigaretten kostet in Deutschland mehr, als diese Familie im ganzen Monat zur Verfügung hat.

Der Kaffee begann zu dampfen und Kanani schüttete ihn in kleine Tassen, die dann in unserer Gruppe schnell verteilt wurden. Es duftete köstlich und ich freute mich bereits auf den ersten Schluck. Äthiopischer Kaffee ist immer etwas ganz Besonderes. Gerade, wenn ich ihn mit Einheimischen zusammen trinken darf.

Da mir gesagt wurde, dass Kanani regelmäßig am Mutter-Kind-Programm der Gemeinde teilnahm und regelmäßig zum Gottesdienst kam, traute ich mich, meine Frage zu stellen: *„Kanani, wenn du einen Wunsch an Gott frei hättest, was wäre dein größter Wunsch?"*

Im Stillen musste ich an meine lange To-do-Liste denken, die ich Gott manchmal im Gebet vorhalte. Also war ich sehr gespannt, welchen Wunsch ich gleich von Kanani hören würde. Aber es sollte anders kommen. Kanani musste keine Minute überlegen und sagte dann: *„Ich habe keinen Wunsch. Lass Gott tun, was immer er mit uns vorhat. Denn Gott ist Gott. Er steht über allem und kann tun und lassen, was immer er möchte. "*

Ich war platt. Das hätte ich in dieser ärmlichen Hütte nicht erwartet. Auf die Frage, was ihr der Kontakt zu der Gemeinde bedeute, sagte sie: *„Alles! Die Kirchengemeinde hält uns am Leben. Ohne sie hätten wir keine Hoffnung in unserem Leben. Wir mögen die Kirche! Dort treffen wir Menschen, mit denen wir sprechen und beten können. Wir können mit ihnen lachen und auch unsere Sorgen teilen. Deshalb ist die Kirche alles für uns."*

Diese Begegnung mit Kanani und ihren drei Kindern wird mir noch sehr lange nachgehen. Sie ist eine von diesen Begegnungen, die einen einfach nicht loslassen.

21.
Frau H. wird untersucht

Können Sie sich vorstellen, dass ich so attraktiv bin, dass ich weltweite Aufmerksamkeit bekomme? Ich sei ein ‚Motor des Handelns', eine ‚Kraft', die ‚Quelle des Erfolgs und Wohlbefindens' – und hätte noch sehr viele andere Eigenschaften. Sagt man.
Über einhundert Wissenschaftler aus der ganzen Welt haben sich zusammengetan, um mich zu erforschen. Ich erröte fast, wenn ich darüber nachdenke, wie lange sie sich mit mir beschäftigt haben. Sie haben Experimente durchgeführt, Langzeitstudien in Gang gesetzt, haben die Auswirkungen zu messen versucht, die es hat, wenn Menschen sich von meiner Art anstecken lassen.
Meine Art – was ist das? Auch darüber haben sie sich Gedanken gemacht. Ein paar Dinge haben mir sehr gefallen. Einige meinten, wenn sie nichts mehr hätten, auf das sie sich verlassen könnten, hätten sie immer noch mich. Andere haben mich in die Unsterblichkeit emporgehoben und meinten, ich sterbe immer zuletzt. Je mehr Menschen befragt wurden, desto klarer wurde, welche unglaubliche Wirkung ich auf ihr Leben ausübe. Positive Wirkungen!
Bei meiner großen Widersacherin Frau V. ist es das genaue Gegenteil. Mit ihr werden nur zerstörerische Eigenschaften verbunden. Sie mache alles kaputt, wird über sie gesagt.
„Aber Frau H. bringt Schönheit in unser Leben", ach, wie mir das gefällt. Die Wissenschaftler haben viele Fakten über mich zusammengetragen. Meine Wirkung sei ortsunabhängig, stellten sie fest. Zum Beispiel hätten sie mich sowohl in Gefängnissen angetroffen als auch an der Börse, in Kliniken wie bei Firmenfeiern. Ich sei fähig, selbst Traumata zu beseitigen, und könne sowohl Pessimisten als auch Optimisten in eine gute Zukunft führen.

‚Führungsqualitäten' – genau das ist es, was mein Schöpfer mir mit in die Wiege gelegt hat. Letztlich soll ich die Menschen zu ihm führen, dem Gott der Liebe. Die Wissenschaftler stellten fest, ich sei sehr komplex und vielschichtig. Aber auch tiefgründig und mit vielen Schattierungen. Es brauche ein ganzes Leben, um mich zu erfassen und kennenzulernen.

Einige Formulierungen gefallen mir sehr gut, z. B. wenn ich mit einer Insel in einem Sumpfgebiet verglichen werde oder mit einem geschützten Seitental oder einer sicheren kleinen Bucht. Der Psychologe Prof. Dr. Anthony Scioli aus den USA hat es gut auf den Punkt gebracht, als er feststellte: „Die tiefschürfendsten Ausdrucksformen des menschlichen Geistes entstammen der Hoffnung. Die größten Kunstwerke, die besten Bücher und die dauerhaftesten Wunderwerke der Antike, außerdem die Olympischen Spiele, Baseball und Fußball – all diese menschlichen Leistungen haben einen gemeinsamen Nenner: Sie bringen mehr Hoffnung in die Welt."

Die wahren Lebensgeschichten in diesem Buch zeigen aber auch noch etwas anderes: Die Hoffnung muss einen Ursprung haben. Ich bin mehr als nur vorübergehender Optimismus. Ich bin mehr als nur eine Antriebsfeder für couragiertes Handeln. Ich bin mehr als der Startschuss für den Lauf auf der Aschebahn des Erfolgs.

Hier komme ich noch mal auf meinen Bruder und meine Schwester zurück. Mein Bruder ‚Glaube' bildet einen standfesten Felsen, der auch den Stürmen des Lebens trotzt. Meine Schwester ‚Liebe' wird zu Recht als die Größte von uns bezeichnet. Ohne Liebe ist das Leben nicht möglich. Und ich bin die kleine Schwester der beiden, aber ich gehöre unverzichtbar zu dieser Familie, die Gott selbst gegründet hat. ‚Glaube, Liebe, Hoffnung', diese drei. Alle drei führen die Menschen zu etwas, das sich alle wünschen: zum Glück!

Die Geschichten in diesem Buch zeigen deutlich, dass es zu finden ist. Selbst ausweglose Situationen, abgrundtief schlechte Startvoraussetzungen, Armut, Isolation oder Ausgrenzung schaffen es nicht, mich aus dem Leben zu vertreiben.

Hoffnung ist nichts anderes als der Glaube an Gottes unendliche Liebe. „Der Gott der Hoffnung erfülle euch aber mit aller Freude und mit allem Frieden im Glauben, damit ihr reich werdet an Hoffnung in der Kraft des Heiligen Geistes." (Römer 15,13)
Dieser Wunsch aus dem Brief an die Römer gilt auch für Ihr Leben. Ganz persönlich.
Und wenn Sie zweifeln oder in schwierige Lebenssituationen kommen, dann könnte diese Zusage Gottes Ihnen weiterhelfen. Gott selbst sagt: „Denn ich weiß wohl, was ich für Gedanken über euch habe, spricht der HERR: Gedanken des Friedens und nicht des Leides, dass ich euch gebe Zukunft und Hoffnung." (Jeremia 29,11)

22.

Grace: Handycap mit Folgen

„Als ich geboren wurde, hielten mich meine Verwandten für einen Fluch. Sie versuchten, meine Mutter zu überzeugen, mich nicht länger zu stillen. Damit ich verhungern würde."

Die kleine Grace war in der Tat ein besonderes Kind. Denn sie kam mit nur einem Arm zur Welt, dem rechten. Der linke Arm war nur halb vorhanden und ihr fehlten beide Beine.

„Meine Sippe sagte, dass bei ihnen noch nie so etwas geschehen sei und dass wegen mir das Vieh sterben würde." Nachdem der Vater gestorben war, beschloss die Mutter, aus Ruanda nach Uganda zu gehen, auch um Grace zu schützen.

Leben mit einem Handycap, zumal mit einem, das für alle sichtbar ist, das stellt in Ostafrika ein echtes Problem dar. Nur zehn Prozent der Kinder mit Behinderung gehen in Afrika überhaupt auf eine Schule. 80 Prozent der Menschen mit Behinderungen sind arbeitslos. Viele leben in Armut und werden diskriminiert. Behinderung ist in weiten Teilen Afrikas ein Makel, der zum Ausschluss aus der Gemeinschaft führt. Deshalb werden Kinder, die behindert sind, oft aus Scham nach der Geburt versteckt.

„Als ich größer wurde, begann ich zu erkennen, dass ich anders war als die anderen Kinder. Einmal fragte ich meine Mutter: Hast du mir die Beine abgeschlagen?", erzählte Grace ihre Geschichte. Mädchen mit Behinderungen haben es besonders schwer. Schnell werden sie als Hexen bezeichnet, sie werden ausgegrenzt und ihre Familien entweder gemieden oder verspottet. Aber mit ihnen etwas zu tun haben will ohnehin keiner.

Eine Untersuchung in afrikanischen Ländern zeigt, dass Mädchen mit Behinderung in vielen Familien als „Strafe" oder „Tragödie" angesehen werden. Nur wenige dürfen die Schule besuchen. Ein Mädchen zu sein und eine Behinderung zu haben stellt eine doppelte Diskriminierung dar.

Nach UN-Angaben ist die Analphabetenrate bei Frauen mit Behinderung weltweit dreimal höher als bei Männern. In der Sahelzone ist die Situation besonders gravierend. Nur sehr wenige Mädchen mit Behinderung gehen zur Schule. In Mali können weniger als 18% der Frauen mit Behinderung lesen und schreiben. In Niger und Mali haben mehr als die Hälfte der Mädchen, die die Grundschule besuchen, keinen Zugang zu einer weiterführenden Schule. In Burkina Faso hat nur 1% der Mädchen eine weiterführende Schule abgeschlossen.

Grace wird in Uganda geboren, aber auch in dem ostafrikanischen Land ist die Situation für behinderte Kinder nicht viel besser. Sie erinnert sich noch sehr gut an die Zeit, als sie als Kleinkind spürte, was andere über sie sagten: *„Die anderen Kinder verspotteten mich, weil ich ja nie mit ihnen mitspielen konnte. Damals war ich sehr bitter. Ich warf sogar mit Steinen nach den Leuten."*

Auch ihre Verwandten in Uganda hielten die kleine Grace für ein Unglück. Also übergab die Mutter sie in die Obhut einer Frau namens Betty. *„Ich nahm Grace auf, weil ich sie mochte"*, erzählte Betty. *„Ich wusste, dass sie und ihre Mutter Flüchtlinge aus Ruanda waren und dass sie Familienstreit hatten wegen ihrer Behinderung."*

Betty hatte selbst neun Kinder. *„Aber wir wurden so vertraut miteinander, als sie mit vier Jahren zu uns kam, dass sie Teil der Familie wurde. Es war, als ob sie mein eigenes Kind wäre."* Grace blieb für die nächsten sieben Jahre.

Zu der Zeit startete eine anglikanische Kirchengemeinde in der Nähe ein Förderprogramm für Kinder aus ärmsten Verhältnissen. Statt eines von ihren eigenen Kindern meldete Betty Grace im Kinderzentrum an, um ihr bessere Chancen zu geben. *„Grace ist eine sehr nach vorn schauende Persönlichkeit, trotz ihrer Behinderung"*, beschrieb

Betty ihren Schützling. *„Es fühlte sich so gut an, als sie uns sagten, dass wir alle nach Gottes Bild geschaffen seien"*, erinnert sich Grace.

Liebe und Aufmerksamkeit zu bekommen, für Grace war das etwas Neues, was sie so nur aus Bettys Familie kannte. Aber dass jemand von außen sie mit Liebe behandelte, hatte sie so bisher noch nicht erfahren. *„Sie sagten mir immer: Gott hat einen guten Plan für dich. Er hat dich geschaffen und er liebt dich. Das gab mir Hoffnung."*

Michael Masba, der das Förderprogramm leitete, setzte sich sehr dafür ein, dass Grace aufgenommen wurde: *„Behinderte Kinder erleben so viele Schwierigkeiten hier in Uganda. Sie sind isoliert und werden von der Gesellschaft als nutzlos betrachtet. Sie haben praktisch keine Möglichkeit, zur Schule zu gehen."*

Für Graces Schulbesuch war nun gesorgt, ebenso erhielt sie einen Rollstuhl. *„In Afrika lernen wir von dem, was wir sehen. Wenn ein solcher Mensch es schafft, dann werden es andere Menschen mit Behinderung sehen. Und man wird sich um sie kümmern."*

„Die Mitarbeiter machten mir Mut, selbstbewusst statt mit Selbstmitleid zu leben", sagte Grace. *„Die größte Auswirkung auf mein Leben war, dass sie mir von Jesus erzählten. Denn ich war voller Bitterkeit. Durch ihre Begleitung wurde ich frei von meinem Groll und bekam ein Herz voller Liebe."*

Grace ist heute Mitte zwanzig und träumt davon, einmal Journalistin zu werden. Neulich lud ein Radiosender sie ein, ihre Geschichte zu erzählen.

Drei Dinge möchte sie vor allem an andere weitergeben: *„Du bist kein Fehler. Du kannst einen Beitrag leisten. Und egal, wie andere dich sehen: Dein Wert kommt von Gott."*

23.

George: Mein Gott und sein Toyota

Sein Name ist George. Er lebt in Kisoro, acht Fahrstunden südwestlich von Kampala in Uganda. Er hat mir zwei Fragen sehr praktisch und eindrücklich beantwortet:

Erstens: Dürfen wir Gott tatsächlich um alles bitten?

Zweitens: Hört Gott uns auch, wenn's um was Großes geht und wir unsere Hoffnung daraufsetzen, dass er alles ermöglichen kann?

Wir waren mit einer kleinen Reisegruppe in Uganda unterwegs. Auf unserem Programm stand der Besuch von Kirchengemeinden, die sich um Kinder und Jugendliche kümmern. Beim Besuch einer Baptistenkirche lernte ich George kennen. Ein fröhlicher älterer Herr, der die 70 bereits überschritten hatte, aber nichts von seinem Enthusiasmus im Kampf gegen Armut eingebüßt hat. George zeigte mir seine Kirche und seine Motocross-Maschine. Eine Yamaha, die schon einige Kilometer auf dem Buckel hatte. George berichtete, dass er der Bischof seiner Kirche Uganda sei.

Gegen Ende unseres Besuches fragte ich George, ob es irgendetwas gäbe, für das wir besonders beten sollten. Seine Antwort kam unmittelbar: *„Weißt du, Steve, ich bin schon weit über 70 und fahre hier mit dem Motorrad zu den Hütten. Ich merke immer mehr, dass ich zu alt dafür bin. Kannst du einfach dafür beten, dass Gott mir einen Toyota Landcruiser gibt?"*

Okay, nicht gerade eine alltägliche Bitte. Sollten wir seine Hoffnungen noch nähren, dass Gott auch solche Gebete erhört? Aber schließlich habe ich mit ihm gemeinsam für seinen Herzenswunsch gebetet. Einer meiner Kollegen, der dabei war, sagte mir auf der Rückreise: *„Du, pass auf, George ist Afrikaner. Der rechnet jetzt damit, dass du ihm das Auto finanzierst! Er setzt jetzt all seine Hoffnung auf dich!"*

Ehrlich? Ich habe gerne mit ihm dafür gebetet und seinen Herzenswunsch vor Gott gebracht, aber als Hoffnungsträger für Toyota-Geländewagen fühlte ich mich völlig ungeeignet. Auch konnte ich mir nicht vorstellen, dass es irgendwie gelingen könnte, in Deutschland das Geld für einen Landcruiser in Uganda zusammenzubekommen.

Ein Jahr später war ich mit einer anderen Reisegruppe wieder in der Gegend und selbstverständlich habe ich auch seine Kirche wieder besucht. Wir spielten mit den ca. 300 Kindern des Compassion-Kinderzentrums auf einem großen Feld neben der Kirche, als plötzlich jemand laut meinen Namen rief: *„Steve, hey Steve, you have to come!"* Als ich mich umsah, entdeckte ich Bischof George am anderen Ende des Feldes. Ich lief zu ihm. Wir fielen uns in die Arme und er sagte direkt, er müsse mir etwas zeigen.

Mit stolzem und strahlendem Gesicht zeigte er mir einen silbernen Toyota Landcruiser. Und hier ist seine Geschichte: George berichtete, dass er etwa drei Monate nach meinem Gebet einen Anruf erhielt. Am anderen Ende war ein Mann, der sich als Besitzer eines Toyota-Autohauses in Kampala vorstellte. Und der sagte: *„Bischof George, ich habe viel über Sie gehört. Ich habe gehört, dass Sie seit vielen Jahren für arme Kinder kämpfen und ihnen zu einem besseren Leben verhelfen. Ich möchte Sie gerne unterstützen und würde Ihnen gerne einen neuen Landcruiser schenken. Hätten Sie jemanden, der das Fahrzeug hier in Kampala abholen könnte?"*

Die Antwort fiel George nicht so schwer. So kam er zu seinem Landcruiser. Und jetzt lud er mich ein, eine Runde mit ihm zu fahren. Wir saßen dort wie zwei kleine Kinder, die staunend ein Geschenk bekommen haben. Wir haben gegrinst, gelacht und uns immer wieder gegenseitig versichert, wie groß Gott ist. Ein Gott, der selbst materielle Hoffnungen und Träume erfüllen kann.

Als wir uns verabschiedeten, sagte ich zu Bischof George: *„Ich weiß nicht, wann ich wieder einmal nach Uganda komme. Aber wenn wir uns nicht mehr auf dieser Welt sehen, dann sehen wir uns ganz sicher später im Himmel."*

Seine Antwort gibt mir bis heute zu denken: *„Steve, dort sollten wir uns erst sehen, wenn unser Job auf der Erde erledigt ist."*

Unser Job, das ist: Hoffnungsträger zu sein und es dann Gott zu überlassen, was er wann und mit wem Gutes tut.

24.
Muthulakshimi: Gott hat dich im Blick

Mitten im Alten Testament gibt es eine Liedersammlung, die Psalmen. In diesen Liedern finden wir nicht nur Lebensweisheiten, sondern konkrete Aussagen darüber, wie Gott ist. Die Texte sind manchmal sehr herausfordernd, an manchen Stellen sogar verstörend. Wenn sie zum Beispiel von Rache geprägt sind oder von Frustration. Auf der anderen Seite ist einer der bekanntesten Texte in der Weltliteratur ausgerechnet ein Psalm, der Hoffnung vermittelt: Psalm 23. In Jahrtausenden der Weltgeschichte von unzähligen Menschen in verschiedenen Lebenssituationen gebetet, ist er ein Symbol für Vertrauen und für Hoffnung geworden.

Ein anderer Psalm hat vielen Menschen bis heute ebenfalls Hoffnung und Zuversicht gegeben. Er spricht davon, dass Gott uns von allen Seiten umgibt, dass er uns sieht und sich um uns kümmert. David formuliert es so: *„Von allen Seiten umgibst du mich und hältst deine schützende Hand über mir. Dass du mich so genau kennst, übersteigt meinen Verstand; es ist mir zu hoch, ich kann es nicht begreifen! Wie könnte ich mich dir entziehen; wohin könnte ich fliehen, ohne dass du mich siehst? Stiege ich in den Himmel hinauf – du bist da! Wollte ich mich im Totenreich verbergen – auch dort bist du! Eilte ich dorthin, wo die Sonne aufgeht, oder versteckte ich mich im äußersten Westen, wo sie untergeht, dann würdest du auch dort mich führen und nicht mehr loslassen.“* (Psalm 139, 5-10)

Etwas später im Text wird eine Aussage darüber getroffen, wie Gott uns im Blick hat:

> *„Du hast mich mit meinem Innersten geschaffen, im Leib meiner Mutter hast du mich gebildet. Herr, ich danke dir dafür, dass du mich so wunderbar und einzigartig gemacht*

> *hast! Großartig ist alles, was du geschaffen hast – das erkenne ich! Schon als ich im Verborgenen Gestalt annahm, unsichtbar noch, kunstvoll gebildet im Leib meiner Mutter, da war ich dir dennoch nicht verborgen.“*

Gott hat uns im Blick. Egal, wie wir von anderen behandelt werden, ob wir gewollt sind oder nicht. Ein eindrückliches Beispiel für diese Aussage habe ich in Indien erlebt. Lassen Sie sich mitnehmen in die Stadt Chennai:

Ein nicht enden wollendes Hupkonzert breitete sich in der Stadt aus. Doch es gab nicht die Ankunft eines mächtigen Staatsmannes oder eine Hochzeit zu feiern. Es war der ganz normale Alltag in der Millionenstadt Chennai in Südindien. Wer hier im Straßenverkehr keine Hupe hat, der hat verloren und parkt am besten am Straßenrand. Hier tanzt der Bär.

Indien – ein Land der Gegensätze. Wer nur an Computer-Spezialisten, den Friedenstifter Ghandi, die bunten Gewänder, scharfe Gewürze oder geknüpfte Teppiche denkt, kennt nur die eine Hälfte des Landes. Wohl in kaum einem anderen Land liegen überfließender Reichtum und bitterste Armut so dicht beieinander wie hier. Ein Drittel der Bevölkerung von 1,2 Milliarden Menschen lebt von ca. einem Dollar pro Tag, was unterhalb der absoluten Armutsgrenze ist. In den Slums von Chennai werden die Auswirkungen dieser extremen Armut sichtbar. *„Ich habe so etwas noch nie erlebt. Es ist nicht zu fassen, in welcher Armut Menschen leben müssen“*, sagte Ralf aus dem westfälischen Verl, der zu der sechsköpfigen Reisegruppe aus Deutschland gehört. Wir sind hierher gekommen, um Kirchen zu besuchen.

Vierzig Prozent aller Armen dieser Welt leben in Indien. So wie die sechsjährige Muthulakshimi, deren Geschichte hier erzählt werden soll. Wir besuchten eine christliche Kirche mitten in einem Slum mit 5.500 Einwohnern. Es roch streng nach Fäkalien. Kein Wunder, gibt es hier doch nur eine einzige Toilettenanlage für das komplette Gebiet. Genau gegenüber von dem vielleicht maximal zehn Meter langen Gebäude ist der Brunnen, aus dem die Kinder für ihre Familien mit Wasserkrügen „Frischwasser“ holen.

Die Wege waren eng, das Leben schien ausschließlich auf der Straße stattzufinden. Hier wird gewaschen, gekocht, gelebt und gestorben. Das Förderprogramm der anglikanisch geprägten St. Andrews Church findet auf einem Friedhof statt. Jeden Tag treffen sich hier von 16.30 Uhr bis 19.30 Uhr 260 Kinder mit unterschiedlichem religiösem Hintergrund. *„Wir haben keinen anderen Platz in diesem Slum für die Kinder gefunden. Und so haben wir einfach den Friedhof unserer Kirche genommen“*, erläuterte Sdhu Thilak, der Projekt-Koordinator, Daniel das Konzept. Er gab zu, dass es auch für Indien an einem außergewöhnlichen Ort stattfindet.

Wer das Projekt erreichen will, muss durch eine enge Gasse laufen. Es war beklemmend für uns Deutsche, durch diesen Slum zu gehen. Unglaublich, unter welchen Umständen Menschen leben müssen. Unvorstellbar, in welch krasser Armut Kinder aufwachsen. Es ist die Hölle. Doch am Ende der Gasse haben Christen auf diesem Friedhof so etwas wie ein Paradies mitten in der Hölle errichtet. Projektleiter Daniel: *„Es gibt keinen besseren Ort, um das Evangelium zu leben.“*

Manfred, der ehemalige Bank-Direktor aus Augsburg, war tief bewegt, nachdem er mit den Kindern auf dem Friedhof gespielt hat und miterleben konnte, welche Fröhlichkeit hier herrscht. *„In meinem ganzen Leben habe ich Jesus noch nie so nah erlebt wie hier in den Slums von Chennai“*, beschrieb er diese neue Erfahrung.

Die Gemeinde lud uns in ihren Gemeindesaal ein, der etwas entfernt vom Friedhof gelegen ist. Mitten in der Gruppe von Kindern wurde mir die kleine Muthulakshimi vorgestellt, von allen nur Muthu genannt. Die ältere Frau an ihrer Seite legte ihre schützenden Arme um sie. Etwas später saß ich mit ihr in einer Ecke und sie erzählte die Geschichte von Muthu, die mit den anderen Kindern derweil fröhlich spielte.

Eines Tages war diese Frau auf ihrem Weg vom Einkaufen an einer Müllkippe vorbeigekommen und hatte ein ganz leises Schreien gehört, mehr ein Wimmern. Sie konnte es kaum orten, aber sie konnte auch nicht einfach vorübergehen. Da war doch etwas. Sie ging etwas tiefer in die Müllkippe hinein. Schließlich fand sie heraus, aus welcher Ecke das Schreien kam. Sie kamen aus einem halb zerrissenen Müllsack, der neben anderen Müllsäcken lag. Sie traute ihren Augen nicht, als sie in diesem Müllsack ein fast neugeborenes Baby fand. Es war verletzt. Ein Tier hatte das linke Auge des Babys rausgerissen und das blutende Baby war von Ameisen übersät.

Liebevoll nahm sie das Baby in den Arm und trug es zu sich nach Hause. Sie kümmerte sich um einen Arzt, der es versorgen konnte, und beschloss, dass dieses Mädchen von nun an bei ihr und ihrer Familie ein Zuhause finden sollte. Gott hatte Muthu nicht vergessen. Er hatte sie im Blick, auch wenn ihre Eltern sie ausgesetzt hatten.

Als ich Muthu traf, war sie ein kleines, fröhliches Mädchen, das gerne mit ihren Freundinnen spielte. Kurz bevor ich dieses Buch geschrieben habe, habe ich mich noch einmal erkundigt, wie es dem kleinen Baby von der Müllkippe heute geht. Es gibt sehr gute Nachrichten: Sie ist heute eine junge Frau, die nach wie vor in der Kirche ist, sich um andere kümmert und mit Gott unterwegs ist. Sie ist Krankenschwester geworden, vermittelt anderen Hoffnung und sorgt dafür, dass ihre Wunden versorgt und sie geheilt werden.

„Von allen Seiten umgibst du mich und hältst deine schützende Hand über mir.“
(Psalm 139, 5)

25.
Michelle: Geboren, um Hoffnung zu verbreiten

Lassen Sie sich nach Asien entführen. Ich nehme Sie gerne mit nach Manila. Sie werden sehr wahrscheinlich zunächst von der Größe dieser Metropole erschlagen sein. Die Straßen sind überfüllt, die Bürgersteige überladen und Sie werden durch Stadtviertel fahren, in denen Sie garantiert nachts nicht sein möchten. Manila ist ein Schmelztiegel von Kriminalität, Drogenhandel und Prostitution. Auf der anderen Seite gilt die Hauptstadt der Philippinen, die auf der Hauptinsel Luzon gelegen ist, als aufstrebender Mittelpunkt einer immer besser werdenden Wirtschaftssituation für viele Menschen.

Michelle Tolentino wuchs in einem Viertel auf, das alles Negative vereinte, das entsteht, wenn viele Menschen auf engstem Raum leben müssen, ohne sinnvolle Tätigkeiten zu haben. *„Meine Eltern waren arbeitslos. Ich hatte noch zwei Brüder. Wir konnten uns kein eigenes Haus leisten und noch nicht einmal eine eigene kleine Wohnung bezahlen. Zu essen hatten wir auch nichts. Ich erinnere mich an viele Mahlzeiten, wo ich mir mit meinen beiden Brüdern genau ein Ei teilen musste. Ansonsten gab es nichts.“*

Die Familie war gezwungen, bei nahen Verwandten um Unterkunft zu bitten. Weil es sonst keine andere Lösung gab, stimmten sie schließlich zu und so wohnten 17 Personen in einem sehr kleinen Ein-Raum-Haus.

Heute ist Michelle Marketingleiterin bei einem Theater, hat ein Studium am renommierten Moody Bible College in Chicago mit Summa cum laude abgeschlossen – und wohnt wieder im Slum.

Doch am besten erzählen wir die Geschichte von vorne:

Fast alle Menschen ihres Viertels lebten von weniger als einem US-Dollar am Tag. Von Privatsphäre konnte keine Rede sein. In der Holzhütte der Großfamilie wurde alles gemeinsam benutzt.

Doch zu der äußerlichen Armut, die in dem Slum mitten in Manila brutale Ausmaße annahm, kam eine emotionale Armut hinzu. Michelle wirkte sehr betroffen, als sie erzählte, dass ihre Mutter sie niemals in den Arm genommen hatte oder ihr als kleinem Kind niemals irgendetwas Positives gesagt hätte. *„Meine Mutter war immer traurig und einsam. Ich glaube, sie war auch verbittert vom Leben in Armut."*

Auch vom Umfeld in der Familie bekam sie nur negative Gedanken eingetrichtert. Ihr Vater entwickelte sich zum Drogenhändler, der selbst sein bester Kunde zu sein schien. In der Nachbarschaft konnte man jeden Tag halb nackte Menschen sehen, die nur rumsaßen oder sich so stark betranken, dass sie einfach umfielen und auf der Straße liegen blieben. Die Väter waren grundsätzlich nicht zu sehen und die Mütter verbrachten den Tag mit Spielen am Straßenrand und überließen die Kinder sich selbst.

Eines Tages gab es in der Hütte der Verwandtschaft richtig Ärger. Der Vater wurde beschuldigt, Dinge gestohlen zu haben, um von dem Verkauf Drogen kaufen zu können. Er musste fluchtartig die Gegend verlassen. *„Meine Verwandten hassten meinen Vater so sehr, dass sie ihre ganze Wut an mir ausließen. Sie sagten mir, ich sähe aus wie mein Vater. Ich sei hässlich und aus mir würde ganz sicher auch mal eine Drogenhändlerin. Zu mehr sei ich nicht geschaffen."*

Ihre Mutter wusste nicht, wie sie überhaupt für die Kinder sorgen sollte. Zu dem Zeitpunkt war Michelle acht Jahre alt. *„Manchmal hörten wir, dass unser Vater wieder in der Gegend sei. Die Leute beklagten sich bei uns, dass er sie bestohlen hätte. Das rief viel Scham in mir hervor. Als Tochter eines drogensüchtigen Räubers abgestempelt zu werden, verletzt die Seele eines kleinen Mädchens sehr tief."*

Eines Tages wurde die kleine Michelle von ihrer Tante an die Hand genommen und mit zu einer Kirche genommen. Sie sorgte dafür, dass

Michelle in ein Förderprogramm aufgenommen wurde: *„Die Gemeinde hatte eine Schule auf dem Gelände. Die konnte ich jetzt besuchen. Für meine Eltern wäre es nahezu unmöglich gewesen, mich zur Schule zu schicken. Wir hatten ja noch nicht einmal das Geld für die Schuluniform.“*

In einem Freizeitcamp der Gemeinde findet sie zum Glauben an Jesus. *„Ich lernte zu beten und erfuhr von der Liebe Gottes. Sie wurde sehr fassbar für mich durch die Art und Weise, wie die Leute mir dort begegneten.“* Das passte zu den Inhalten der Briefe, die sie von ihren Paten aus dem ‚reichen Teil‘ der Welt erhielt: *„Sie haben mir immer geschrieben: Michelle, du bist schön! Wir sind stolz auf dich. Wir haben dich lieb und beten für dich. So etwas hatte ich zu Hause nie gehört. Niemand hatte mir das zuvor jemals gesagt.“*

Jesus und Michelle, diese Verbindung scheint unzertrennbar zu sein. Vor einigen Jahren habe ich mit ihr eine Vortragsreise in Deutschland durchgeführt. Gemeinsam mit einem Musiker besuchten wir verschiedene Gemeinden und Michelle erzählte ihre Geschichte. Ihr ständiger Begleiter war eine kleine Taschenbibel, in der sie jede freie Minute gelesen hat. Wenn der Musiker seinen Soundcheck machte, wenn wir aufs Essen warteten, wenn sich die Abfahrt verzögerte – Michelle hatte immer ihre Bibel zur Hand und las darin.

Auch das ist ein Resultat ihrer schwierigen Kindheit, denn das kleine Mädchen, das vaterlos aufgewachsen ist, hatte im Förderprogramm einen anderen Vater kennengelernt: *„Meine allererste Bibel bekam ich von dieser Kirche geschenkt. Sie war so wertvoll für mich, denn ich lernte in der Bibel Gott als meinen Vater kennen. Ich erkannte beim Lesen, dass ich sein kostbares Kind sein darf. Gott ist der Vater für die vaterlosen Kinder, wie ich eins war.“*

Noch etwas anderes war wichtig in dieser Zeit: die Briefe ihrer unterstützenden Familie. Sie waren sehr ermutigend und aufbauend. In ihnen durfte Michelle Worte lesen, die sie in ihrer Kindheit nie gehört hatte: *„Sie schrieben mir: ‚Michelle, du bist schön. Wir lieben dich. Aus dir wird einmal eine besondere Frau. Du bist wertvoll für uns. Wir* *beten für dich.' So etwas gab mir so viel Hoffnung und Ermutigung, dass ich selbst durch tiefe emotionale Täler gehen konnte."*

Nach ihrem erfolgreichen Schulabschluss wurde Michelle für ein weiteres Förderprogramm ausgewählt und konnte an der Universität in Manila Kommunikationswissenschaften studieren. *„Ich konnte so einen meiner Träume verwirklichen und wurde Marketingleiterin beim ersten Gospeltheater in Asien mit Namen ‚Trumpet'. Wir reisten durch viele Länder mit unserem Programm und es hat viel Spaß gemacht."*

Das Kommunikationsstudium war eine gute Grundlage für ein selbstständiges Leben. Von dem Gehalt konnte sie sogar die Familie mit ernähren. Später war Michelle noch einige Jahre als Marketingleiterin einer Künstleragentur in der Öffentlichkeits- und Medienarbeit tätig. In dieser Zeit erlebte sie, dass auch ihre Mutter Christin wurde. Das änderte vieles.

Etwa sechs Jahre später bekam Michelle die Nachricht aus den USA, dass sie für ein Theologiestudium am renommierten Moody Bible Institute in Chicago ausgewählt worden war. Ein weiterer Baustein auf ihrem Lebensweg: *„Als ich dort war, öffnete Gott mir wirklich die Augen für die Not der Welt; von Frauen und Kindern, die so viel Ausbeutung erfahren in Prostitution und Menschenhandel. Denn das waren die Dinge, die ich selbst erlebt hatte, als ich jung war."*

Heute wohnt Michelle wieder in Manila, und zwar in einem ähnlichen Umfeld, wie damals. *„Fließendes Wasser? Wo denkst du hin?"*, sprudelt es aus ihr heraus, als ich sie auf ihre heutige Wohnsituation anspreche. *„Nein, ich lebe sehr einfach: Hütte mit Blechdach. Und wenn die Leute irgendwelchen Müll auf mein Dach werfen, dann kann es schon mal sehr laut werden."* Michelle ist zurückgegangen in die Slums von Manila. Sie hat dort ein eigenes Hilfswerk gegründet: ‚Made in Hope'.

Eine Organisation, deren Ziel es ist, Frauen und vor allem junge Mädchen aus der Prostitution zu befreien und ihnen ein besseres Leben zu ermöglichen. Und das hat für Michelle autobiografische Gründe: *„Wenn ich nicht mit Christen in Berührung gekommen wäre* *und all diese Möglichkeiten eröffnet bekommen hätte, dann wäre ich heute vielleicht auch eine dieser Frauen, die unterdrückt und versklavt als Prostituierte arbeiten müssen.“*

Also nimmt sie die Gefahr auf sich, von Zuhältern und Freiern angegriffen zu werden, weil sie Frauen hilft, ihre Würde wiederherzustellen und aus den Bars der Großstadt herauszukommen. Dabei spielt auch Bildung eine große Rolle. Michelle geht mit ihrer Organisation sehr strategisch vor und arbeitet mit anderen Hilfswerken wie International Justice Mission oder auch Compassion eng zusammen. Sie bildet Kooperationen und Koalitionen mit anderen, denn allein wäre sie auf verlorenem Posten.

‚Made in Hope‘ wurde im Jahr 2021 vom philippinischen Justizministerium und dem ‚Interagency Council against Trafficking‘ mit einem renommierten Preis ausgezeichnet. Für herausragende Beiträge zur Beendigung von Menschenhandel und Sklaverei. Michelle moderiert außerdem ein wöchentliches Radioprogramm für Kinder und Jugendliche, das mehrfach als bestes Kinderradioprogramm des Landes ausgezeichnet wurde.

Michelle hat eine neue Mission gefunden: Hoffnung zu den Hoffnungslosen zu bringen. *„Made in Hope kümmert sich um ausgebeutete und missbrauchte Frauen und Kinder. Viele sind Opfer von Sexhandel geworden. Wir geben ihnen eine Zukunft und Hoffnung. Auf den Philippinen haben wir etwa zwei Millionen Kinder, die jedes Jahr sexuell missbraucht werden. Jedes zehnte Kind, das weltweit heute in Sklaverei verkauft wird, ist von den Philippinen. Das heißt, alle 12 Minuten wird ein Kind von den Philippinen in Sklaverei verkauft.“*

Diese Zahlen machen mich sprachlos. Ich glaube, dass mir oft gar nicht bewusst ist, in welchen Verhältnissen Kinder und Frauen weltweit leben müssen. Der Kampf gegen Menschenhandel muss gekämpft werden. Michelle Tolentino und ihr Werk ‚Made in Hope‘ zeigt, wie es gehen kann.

„Was waren die wesentlichen Faktoren, die die Veränderung in dein Leben brachten?“, frage ich sie am Ende unserer Begegnung. Michelle

Tolentino muss nicht lange überlegen, bevor sie antwortet: „*Ich glaube, das Wichtigste war und ist meine Beziehung zu Jesus. Wenn mir die Leute nur geholfen hätten, indem sie mir zu essen gaben und mich zur Schule schickten, ohne mir auch das Evangelium oder die Liebe Christi zu vermitteln, dann würde ich heute nicht so leben. Jetzt weiß ich, dass mein Leben nicht mir selbst gehört, dass Jesus einen Plan für mein Leben hat. Und dieser Plan beinhaltet, dass mir geholfen wurde, damit ich selbst heute anderen helfen kann. Die Liebe Jesu ist das, was wirklich mein Leben verändert hat. Sie ist das Allerwichtigste, das ich in meinem Leben erfahren habe.*“

26.
Adul: Rettung für die Höhlenkinder

Eigentlich hätte es ein ganz gewöhnlicher Tag werden können. Im Norden Thailands ging die Sonne auf und die Metropole Chiang Rai erwachte zum Leben. Doch dieser Tag würde in die Geschichte eingehen, denn nicht nur in Thailand, sondern in der ganzen Welt sollte an diesem Tag die Zeit stillstehen. Zehn Tage lang gab es in den Weltnachrichten kein anderes Thema mehr als das Schicksal von zwölf Jungen und ihrem Trainer. Mittendrin der vierzehnjährige Adul, der noch eine entscheidende Rolle spielen sollte.

Wir schreiben den 23. Juni 2018. Von der Weltöffentlichkeit völlig unbemerkt machte sich eine Gruppe von zwölf Jugendlichen im Alter zwischen elf und sechzehn Jahren mit ihrem 25-jährigen Trainer auf den Weg in eine Höhle. ‚Mister E.', wie sie ihren Trainer nennen, hatte nach dem Training vorgeschlagen, noch einen kleinen Ausflug mit den Fahrrädern zu machen. Alle Jungs waren begeistert. Es sollte zur nahe gelegenen Tham-Luang-Höhle gehen. Dort wollten sie eine kleine Geburtstagsfeier für das älteste Teammitglied der Fußballmannschaft feiern. Ein besonderes Erlebnis sollte es werden, das sie ihr Leben lang nicht vergessen würden. Die Jungs konnten nicht ahnen, dass es genau das werden würde, wenn auch völlig anders als beabsichtigt.

Mit Taschenlampen bewaffnet machten sie sich auf den Weg. Als sie etwas tiefer in die Höhle vordrangen, stellten sie fest, dass durch die tagelangen Regenfälle der letzten Zeit die Bedingungen anders waren als bisher. Sie gingen immer tiefer in das Höhlensystem hinein. Vielleicht, um dem immer weiter steigenden Wasser zu entfliehen. Abenteuerlust allein konnte es nicht gewesen sein. Schnell merkten sie, dass ihre Entscheidung falsch gewesen war. Von den Seitenarmen drang immer mehr Wasser in die Höhle ein und schließlich war ihnen der Rückweg abgeschnitten.

Die Tham-Luang-Höhle ist groß. Sie liegt in einem großen Waldschutzgebiet an der Grenze zu Myanmar. Ungefähr 440 Meter über Seehöhe befindet sich der Eingang. Das gesamte Höhlensystem ist auf einer Länge von zehn Kilometern erschlossen und vermessen. Das bedeutet aber nicht, dass es auf dieser ganzen Länge auch gut zugänglich ist. Das merkten die Jungs jetzt sehr schnell. Aber was sollten sie tun? Es gab nur einen Weg für sie: den nach vorne. So gingen sie immer tiefer in die Höhle hinein, bis sie einen trockenen Platz auf einem etwas höher gelegenen Plateau fanden. Hier machten sie Rast und wollten warten, bis das Wasser wieder sank. Das allerdings sollte sehr lange dauern.

Etwa zur gleichen Zeit merkte der 18-jährige Petch, dass sein Freund Adul noch nicht vom Fußballtraining zurückgekommen war. Er begab sich auf die Suche, ging zum Fußballplatz, fuhr die Gegend ab und suchte unermüdlich nach seinem Freund. Er fragte, ob irgendjemand die Jungs gesehen hätte. Nach einer längeren Suche erfuhr er, dass eine Gruppe von Kindern auf Fahrrädern in Richtung der Tham-Luang-Höhle unterwegs gewesen sei. Er fuhr hin und sah, dass der Eingang von einem großen Wasserstrom durchzogen und die Höhle somit nicht zugänglich war. Die Fahrräder lagen am Höhleneingang.

Petch war sehr beunruhigt, denn er gehörte zum ‚Rescue Academy Team', einer Art Lebensrettungsgesellschaft, die bei Katastrophen zum Einsatz kommt. Petch und Adul waren schon länger befreundet. Sie hatten sich im Förderprogramm der lokalen Kirchengemeinde kennengelernt und sind beide Compassion-Patenkinder. Schnell fuhr Petch zurück zur Kirche und alarmierte den Pastor und die Mitarbeiter des Kinderzentrums. Die waren ohnehin schon alarmiert, denn einige besorgte Eltern waren gekommen, um nach ihren Kindern zu fragen. Sofort wurden Suchtrupps gebildet, die vor der Höhle Fußballschuhe, Rucksäcke und die Fahrräder fanden. Schnell wurde die Situation richtig eingeschätzt und eine ausgedehnte Rettungsaktion in Gang gesetzt. Die sollte sich in den nächsten Tagen sehr schwierig gestalten, denn der Monsun brachte noch mehr Wasser in die Höhle. Thailändische Militärtaucher wurden angefragt und sofort startete die Suchaktion. In den nächsten zehn Tagen waren über 8.000 Helferinnen und Helfer im Einsatz. Spezialisten aus dem Ausland wurden angefordert und die Welt schaute zu, während um das Leben der Jungen und ihres Trainers gekämpft wurde. Die saßen derweil in absoluter Dunkelheit ohne Nahrung in der Höhle fest und hofften auf Rettung. Man kann nur erahnen, welche Dramen sich dort abspielten, wie der Trainer vielleicht immer wieder versuchte, Ruhe auszustrahlen. Sicher haben sich die Kinder auch gegenseitig ermutigt mit Sätzen wie: *„Bestimmt wird nach uns gesucht. Wir werden gerettet. Das Wasser wird nicht ewig so hoch bleiben. Es gibt Hoffnung!“*

Es sollte bis zum 2. Juli um 21:38 Uhr dauern, bis britische Spezialtaucher sich ihren Weg durch enge Gänge, die alle unter Wasser standen, bahnen konnten. Sie fanden die Gruppe auf einem Plateau. Doch die Taucher Richard Stanton und John Volanthen konnten sich nur schwer mit den Kindern verständigen. Nur der vierzehnjährige Adul konnte Englisch sprechen und so die Kommunikation mit den Rettern übernehmen. Gelernt hatte er die Sprache im Förderprogramm der Kirche.

Adul war einer von vier staatenlosen Kindern in der Gruppe. Mit sechs Jahren war seine Familie aus ihrer Heimat an der Grenze zu Myanmar entkommen, die von Guerillakriegen erschüttert wurde. Seine Eltern brachten ihn illegal über die Grenze, weil sie glaubten, dass er von ihren fünf Kindern das meiste Potenzial hatte. Er fand Asyl beim Pastor einer Baptistengemeinde und wurde ins Förderprogramm aufgenommen. Der Junge war einer der besten seiner Schulklasse. Das hatte dazu geführt, dass er keine Schulgebühren zahlen musste und das Mittagessen kostenlos bekam.

Adul ist ein Sprachgenie, denn neben Englisch spricht er noch Burmesisch, Chinesisch und die Sprache seiner Heimat, Wa. Es gibt Videoaufzeichnungen von dem ersten Gespräch, das er mit den Tauchern in der Höhle führte. Darin erklärte er ihnen, was die Jungen am Nötigsten brauchten: Essen – und eine Antwort auf die Frage, wie lange sie noch in dieser Höhle aushalten müssten.

Diese Antwort konnten die beiden Taucher nicht geben. Sie hätten ohnehin nie damit gerechnet, dass die Rettung so langwierig und kompliziert werden würde. Soldaten der US-amerikanischen ‚Navy Seals' wurden eingeschaltet, die thailändische Marine war am Start, Helfer und Teams aus anderen Ländern kamen zur Hilfe. Die Baptistengemeinde stellte ihr Gelände als Zentrale für alle Hilfeleistungen zur Verfügung. Die Gemeindemitglieder kochten für die Hilfstrupps und standen für Gespräche zur Verfügung. Und sie beteten. Beteten für die Jungs und ihren Trainer, beteten mit den Eltern und den Angehörigen, beteten für und mit den Helferinnen und Helfern. Alle hofften, dass die Sache am Ende gut ausgehen würde. Inzwischen war es ein internationales Team von Spezialisten aus England, China, Australien, den USA, Russland, Schweden, Finnland, Israel und Deutschland. Dazu Medienvertreter aus aller Welt, die, gierig nach Neuigkeiten, jede Veränderung vermeldeten.

Die Rettungsaktion gestaltete sich äußerst schwierig. Die Länge der Tauchstrecke erforderte 30 Minuten Zeit unter Wasser. Der Druckausgleich machte den Tauchern große Probleme. Wie gefährlich die Aktion war, wurde deutlich, als der thailändische Marinesoldat Saman Kun im Einsatz starb. Er war ein durchtrainierter Triathlet gewesen und galt als erfahrener Taucher.

Die Kinder wurden in den Folgetagen nicht nur mit Lebensmitteln und Licht versorgt, sondern sie wurden auch trainiert. Die meisten der Jungen konnten nicht schwimmen. Sie mussten mit Atemmasken und Anzügen vertraut gemacht werden und sich auf die bevorstehende Rettung vorbereiten. Außerhalb der Höhle warteten die Eltern und hofften, dass sie ihre Jungs bald wieder in die Arme schließen konnten. Die schrieben in der Höhle Briefe, die von den Tauchern an die Eltern übergeben wurden.

Am 8. Juli begann um 10.00 Uhr die Evakuierung der Kinder und ihres Trainers. 13 ausländische Taucher waren im Einsatz, um kleinere Gruppen von jeweils 3 bis 4 Kindern aus der Höhle zu retten. Immer wieder mussten Druckflaschen ausgetauscht und wieder befüllt werden. Aber schließlich wurden alle gerettet und die Eltern konnten ihre Kinder im Basiszentrum der Baptistengemeinde glücklich wieder in die Arme schließen. Das ganze Drama ist inzwischen mehrfach verfilmt worden und wurde in einigen Büchern verarbeitet. Schließlich war es eine weltweit einzigartige Rettungsaktion. Siebzehn Tage lang waren die Jungen und ihr Trainer in der Höhle.

Adul sagte nach seiner Rettung: *„In der schwersten Zeit kam die Hilfe von Gott. Ich habe sehr intensiv gebetet, und Gott hat mir mit seiner Hilfe geantwortet. Gott und ich standen Schulter an Schulter in dieser schwierigen Situation. Ich bin ihm so dankbar, dass er uns geholfen hat, lebend aus dieser Höhle herauszukommen."*

Nach der Rettung kamen die Kinder zunächst in medizinische Betreuung. Die körperlichen Blessuren waren nicht das größte Problem, die seelischen Folgen schon eher. Im Dunkeln tagelang zwischen Hoffen und Bangen, zwischen Mut und Verzweiflung, zwischen dem Auf und Ab der Gefühle auszuhalten und die Geduld nicht zu verlieren, hat Spuren hinterlassen.

Die Bevölkerung Thailands besteht zu 99 Prozent aus Buddhisten. Christen sind mit einem Prozent in der absoluten Minderheit. Umso erstaunlicher ist, dass sehr viele Menschen am 22. Juli an einem Gottesdienst der Baptistengemeinde teilnahmen, in dem die Rettung gefeiert wurde. Örtliche Gouverneure, Beamte und die an den Rettungsaktionen Beteiligten saßen neben Pastoren von christlichen Kirchen und den Gemeindemitgliedern der Baptisten.

Während des Dankgottesdienstes erzählte Adul den Anwesenden in einem bewegenden Bericht, wie es war, in der Höhle zu sein: *„In der zehnten Nacht verloren wir die Geduld, die Hoffnung, die körperliche Kraft und den Mut. Wir konnten nichts tun. Das Einzige, was ich tun konnte, war zu beten. Ich betete: ‚Herr, ich bin nur ein Junge; du bist der allmächtige Gott, du bist heilig und du bist mächtig. Im Moment* *kann ich nichts tun; mögest du uns beschützen. Komm und hilf allen dreizehn von uns.'"*

Adul erzählte, dass er sein Gebet damit beendete, Gott für alles zu danken, was ihm und seinen Freunden passiert war.

Auch der Leiter des Förderprogramms der Gemeinde, Mheega Chemuegoo, berichtete, wie er das Drama von außen erlebt hat: *„Die Eltern und ich sahen, dass die Rettungsteams Tag und Nacht hart arbeiteten, und das gab uns Hoffnung. Viele Male fühlten sich die Eltern hoffnungslos, nachdem sie gewartet und gehört hatten, dass die Suche nach ihren Jungen erfolglos geblieben war. Wir wussten also nicht, ob die Jungen am Leben sein würden oder nicht. Aber wir beteten unablässig und vertrauten Gott wirklich, dass sie lebend gefunden werden würden. Als wir hörten, dass sie die Jungen gefunden hatten, war das der aufregendste Moment und gab uns noch mehr Hoffnung."*

Auch Aduls Eltern äußerten sich im Gottesdienst: *„Gott ist Liebe und es gibt nichts, was er nicht tun kann."*

Nach der Rettungsaktion ging es ihnen zunächst auch darum, Adul vor der Weltöffentlichkeit zu schützen, damit er weiter als normaler Teenager leben konnte. Auch die Gemeinde vor Ort tat alles, um ihn so gut wie möglich abzuschotten.

Nun sind einige Jahre vergangen und es ist viel passiert: Einige der Jungs sind ins Ausland gegangen. Einer ist Profifußballer in der Premiere League in England geworden. Auch für Adul ging das Leben weiter. Mit einem Stipendium konnte er in den USA an einer Universität studieren. Stolz hielt er seinen Masterabschluss in die Kameras. Der New York Times sagte er in einem Interview, sein großes Ziel sei es, eines Tages für die Vereinten Nationen zu arbeiten.

Bleibt zum Schluss noch die Frage, wie Adul rückblickend die Zeit in der Höhle beurteilt und welchen Rat er Menschen gibt, die in ähnlich ausweglose Situationen kommen: *„Ich würde sagen, dass man geduldig sein und auf Gott vertrauen sollte. Betet und wartet voller Hoffnung auf Gott."*

27.

Frau H. bleibt an Ihrer Seite

Damit sind wir fast am Ende dieses Buches angelangt. Aber das ist nicht das Ende meiner Geschichte. Immer wieder darf ich in das Leben von Menschen kommen. Nicht immer ist es so dramatisch wie bei den Kindern in der Höhle in Thailand, wie bei Michelle Tolentino, Remmy oder Pedro und Kemi.
Ich weiß nicht, wie Sie heißen und wer Sie sind, aber ich bin mir sicher, dass auch Sie mich gerne in Ihr Leben einladen würden. Die Geschichten aus diesem Buch sind nur Beispiele. Es gibt unzählige andere, denn ich mische mich gerne in jede Lebensgeschichte ein. Und das – wie bereits erwähnt – seit Beginn der Welt.
Wichtig ist, dass das tatsächlich für alle Menschen gilt. Nicht nur für die Starken, aber auch nicht nur für die ganz Schwachen. Auch wenn in diesem Buch überwiegend Geschichten von Menschen aufgezeichnet wurden, die wirklich in katastrophalen Umständen aufgewachsen sind. Frau H. kommt nicht nur in die ärmsten Hütten, sondern in jede Lebenssituation.
Da sitzen Sie vielleicht gerade in einer Traumküche und haben eine Schreckensnachricht erhalten. Vielleicht haben Sie vom Tod eines nahestehenden Menschen erfahren oder von einem Unfall oder von einer nicht bestandenen Prüfung. Oder Sie befinden sich gerade in einer Phase, in der Ihr Leben Ihnen zu entgleiten droht. Eine Scheidung steht an oder Sie erleben schon seit Langem, dass Ihre Kinder nichts mehr mit Ihnen zu tun haben wollen. Sie würden sich gerne mit ihnen versöhnen, aber Sie sehen keinen Ansatzpunkt, wie Sie den ersten Schritt machen können.
Jeder von uns hat seine eigene Geschichte, seine eigenen Probleme, seine eigenen Tiefpunkte. Es ist so leicht, aufzugeben und sich einfach den negativen Gefühlen hinzugeben. Aber was bringt Sie in solchen

Situationen wieder auf die Beine? Was hilft Ihnen, wieder aufzustehen und den nächsten Schritt zu gehen?
Viele Menschen tragen Verwundungen mit sich herum, die manchmal nur schwer heilen wollen. Da fällt es nicht leicht, mich mit hineinzunehmen. Aber eins kann ich Ihnen versichern: Ohne mich wird es nicht gehen. Frau H. ist die Hoffnung.
Für viele von uns kann es wichtig sein, immer wieder neu zu lernen, wie wir unsere Hoffnung aufrechterhalten können. Dabei geht es darum, nach Gott Ausschau zu halten, wenn die Lebensumstände uns niederdrücken wollen. Der Theologe Dietrich Bonhoeffer hat einmal formuliert: „Nicht unserer Hoffnungen werden wir uns einstmals zu schämen haben, sondern unserer ärmlichen und ängstlichen Hoffnungslosigkeit, die Gott nichts zutraut."
Auf Ihrem Lebensweg werden Sie immer wieder auch durch Täler zu gehen haben. Es ist so leicht, dann selbst aufzugeben. Gott weiß das. Er weiß, wie schwer unser Leben im Unterwegssein oft ist. Aber: Gott sieht durch den Nebel unserer Hoffnungslosigkeiten hindurch. Er kennt das Ziel – und den Weg dorthin. Vielleicht kann Ihnen Psalm 121,1-2 helfen:
„Ich hebe meine Augen auf zu den Bergen. Woher kommt mir Hilfe? Meine Hilfe kommt vom Herrn, der Himmel und Erde gemacht hat."
Wenn Sie bereits mit Gott unterwegs sind, dann ist vielleicht noch ein anderer Bibelvers für Sie geschrieben worden. Paulus schreibt diesen guten Rat in seinem Brief an die Römer:
„Seid fröhlich als Menschen der Hoffnung, bleibt standhaft in aller Bedrängnis, lasst nicht nach im Gebet."

28.

Wozu wir geboren werden (Nachwort)

Niemand wird als Dieb geboren.
Niemand wird als Prostituierte geboren.
Niemand wird drogenabhängig geboren.
Niemand wird als Schläger geboren.
Niemand wird mit Hass geboren.
Warum nur werden Menschen zu dem, wozu sie nicht geboren sind?

An Orten wie den Slums von Kibera, Korogocho oder Mathare im afrikanischen Kenia kann man sehr gut sehen, wie Diebe, Prostituierte, Drogenabhängige, Schläger und hasserfüllte Menschen geboren werden. Es passiert, während sie aufwachsen. An diesen Orten ist es leicht, die Würde, die Selbstachtung, die Nächstenliebe, den Gemeinschaftssinn und die Hoffnung zu verlieren.

Oft ist es der pure Drang zu überleben, der Menschen zu dem werden lässt, zu dem sie nicht geboren wurden.

Die andere Seite:
Keiner wird als Ignorant geboren.
Keiner wird als Egoist geboren.
Keiner wird als Karrierist geboren.
Keiner wird geldgierig geboren.
Keiner wird herzlos geboren.
Keiner wird als Kapitalist geboren.

Die Menschen werden dazu gemacht. Und es geschieht wie von selbst in unseren Ländern, den Ländern des ‚reichen Westens'. In Ländern, in denen die Börsennachrichten vor den Hauptnachrichten gesendet werden, wo sich alles ums Geld dreht, wo man sich die Seele jeden Tag mit unnützen Informationen zumüllen kann. Wo alles im

Überfluss vorhanden ist. Dinge, die man braucht und die man nicht braucht. Und alles, was man sich einfach mal gönnt.

Es ist so leicht, ein Herz aus Stein zu bekommen, blind zu werden für die Lebenssituation der anderen. Wenn die Unterhaltungsbrille einem die Augen verschließt, fällt es leicht, nicht hinsehen zu müssen.

Es geschieht wie von selbst, dass wir verzerrte Wertmaßstäbe entwickeln.

Und auf einmal ist in Herz und Hirn kein Platz mehr für die anderen. Für die, die im Müll leben, die hungrig und hoffnungslos zu Dieben, Prostituierten, Schlägern und Drogenabhängigen werden.

Es läuft einfach zu viel verkehrt in Kibera, Mathare und Korogocho – und in den Hunderttausenden anderen Slums dieser Welt.

Es läuft einfach zu viel falsch bei uns. In unseren Leben, unseren Herzen, unseren Köpfen und in unseren Portemonnaies.

Wären wir doch alle nur bereit, das zu leben, wozu wir wirklich geboren sind.

Steve Volke

Kinder aus Armut befreien

Compassion Deutschland ist der deutsche Zweig von Compassion International, einem der größten christlichen Kinderhilfswerke der Welt.

Compassion (das heißt „Mitgefühl“ und wird „Kompäschen“ gesprochen) setzt sich seit 70 Jahren weltweit für arme Kinder ein. Wer mit Compassion eine Kinderpatenschaft übernimmt, hat einen Eins-zu-Eins-Kontakt zu diesem Kind. Compassion Deutschland ist eines von 12 Partnerländern, die in 27 Ländern Lateinamerikas, Asiens und Afrikas durch Patenschaften helfen.

Wir haben uns verpflichtet, den ärmsten der armen Kinder physisch, emotional und sozial in einem ganzheitlichen Sinn zu helfen. Wir glauben, dass es darüber hinaus das Beste ist, die Kinder mit Jesus Christus bekannt zu machen – denn das verändert ihr Leben nachhaltig.

Kontakt

Compassion Deutschland
Zimmermannstraße 2
35039 Marburg
Telefon: 0 64 21 – 30 97 80
E-Mail: info@compassion.de
Internet: www.compassion.de

Filmgeschichten, die Hoffnung geben

Ein Bild sagt mehr als tausend Worte. Die QR-Codes führen Sie zu weiteren bewegenden Geschichten, die Hoffnung geben:

Tony Beltran – der Film zur Geschichte in diesem Buch

Grace aus Uganda – der Film zur Geschichte in diesem Buch

Ebenezer – moderne Sklaven in Ghana

Yanelly – ein Traum wird wahr

Angelica – geboren im Drogenviertel von Cebu auf den Philippinen